A transmissão da psicanálise no Instituto: a experiência do CLIN-a

Maria do Carmo Dias Batista
Rômulo Ferreira da Silva
(Orgs.)

Relicário

A transmissão da psicanálise no Instituto: a experiência do CLIN-a

Maria do Carmo Dias Batista
Rômulo Ferreira da Silva
(Orgs.)

Dados Internacionais de Catalogação na Publicação (CIP) de acordo com ISBD

T772

A transmissão da psicanálise no Instituto: a experiência do CLIN-a / organizado por Maria do Carmo Dias Batista, Rômulo Ferreira da Silva. - Belo Horizonte, MG : Relicário, 2019.

252 p. ; 15,5cm x 22,5cm.

Inclui bibliografia e índice.

ISBN: 978-65-5090-001-4

1. Psicanálise. 2. Clínica psicanalítica. 3. Prática psicanalítica. I. Batista, Maria do Carmo Dias. II. Silva, Rômulo Ferreira da. III. Título.

CDD 150.195
2019-1824 CDU 159.964.2

COORDENAÇÃO EDITORIAL Maíra Nassif Passos
PROJETO GRÁFICO & DIAGRAMAÇÃO Kátia Regina Silva
CAPA Caroline Gischewski
REVISÃO Silvia P. Barbosa - Letras e Normas

RELICÁRIO EDIÇÕES
Rua Machado, 155, casa 1, Colégio Batista | Belo Horizonte, MG, 31110-080
relicarioedicoes.com | contato@relicarioedicoes.com

Nota introdutória

Ana Maria de A. Guerra Mendy
Antonio Alberto Peixoto de Almeida (Coordenador)
Gabriela Malvezzi do Amaral
Iris Tiemi Tiba
Janaina de Paula Costa Veríssimo
Mirmila Musse

Este livro reúne parte do material produzido pelos integrantes do Seminário Clínico do Centro Lacaniano de Investigação da Ansiedade (CLIN-a) nas atividades do biênio 2017/2018, além de traduções e textos inéditos.

O CLIN-a possui relação intrínseca com a Escola Brasileira de Psicanálise (EBP) e, por conseguinte, com a Associação Mundial de Psicanálise (AMP).

Coube à comissão responsável pela publicação recolher cuidadosamente as letras que nos foram enviadas e fazer delas um livro.

O texto de Freud, não encontrado no original em alemão, foi traduzido diretamente do húngaro. Esse texto, dentre muitas orientações a respeito da formação do analista, apresenta a primeira vez em que Freud utilizou o termo supervisão. Os demais textos que o acompanham oferecem um panorama do ensino da psicanálise à época e que interessa à prática de formação do analista hoje.

O Relatório do Instituto de Berlim, de Max Eitingon, brinda-nos com a experiência detalhada desse instituto, tão caro a Freud. E demonstra a seriedade com a qual devemos enfrentar a formação dos jovens analistas.

Agradecemos à coordenação do Seminário Clínico – Maria do Carmo Dias Batista, Maria Lourenço dos Santos Crespilho e Rômulo Ferreira da Silva – por terem nos confiado essa tarefa e acompanhado de forma tão próxima o andamento do trabalho.

Aos colegas, por terem contribuído com seus textos, sugestões e, sobretudo, com os testemunhos dos efeitos de formação que reverberam no encontro com a *práxis* psicanalítica no Instituto.

Aos associados do CLIN-a, responsáveis pela aposta inicial na prática entrevários, que deu início à experiência clínica, tão viva e rica, que marca o percurso deste Instituto e solidifica sua interface com o Outro social.

Por fim, o nosso agradecimento ao corpo docente, aos Conselhos Diretor, Técnico e Fiscal do CLIN-a, pela aposta no trabalho que resulta na viabilização desta publicação.

Conforme nos ensinou Lacan, "uma carta sempre chega a seu destino"[1].

Boa leitura a todos,

Comissão de Publicação.

1. LACAN, J. *Escritos*. Rio de Janeiro: Jorge Zahar, 1998, p. 45.

Prefácio

Angelina Harari

Para escrever o prefácio deste livro, levarei em conta, à guisa de ilustração, uma aula proferida no Ciclo III do Curso fundamental do CLIN-a, abordando um aspecto da prática lacaniana: as entrevistas preliminares.

A importância das entrevistas preliminares foi ressaltada no ensino oral de Lacan, em 1971, ao afirmar "(...) não há entrada possível na psicanálise sem entrevistas preliminares [EP]".[1]

Em nenhum momento as EP foram postuladas por ele de forma convencional, tipo fazer uma avaliação, emitir um parecer. Nada de preocupações técnicas ou mesmo uma invocação à prudência terapêutica. Lacan remete-nos à estrutura do dispositivo analítico, no surgimento de uma demanda que seja uma demanda de análise, pois esta nunca é inaugural, ainda quando pretenda sê-lo, a intitulada "demanda de se tornar analista". A queixa leva-nos ao horizonte das terapias. Marie-Hèléne Brousse (1989, p. 69) distingue a queixa da demanda postulando uma antinomia que se poderia enunciar assim: "Alivie-me, mas sobretudo não toque em nada, não toque em meu ser de sujeito, isto é, em minha fantasia".[2]

Em "Clínica sob transferência [CST]"[3], Jacques-Alain Miller tira consequências ao criar esse colofão, CST, para ser colocado sob qualquer

1. LACAN, J. *O saber do psicanalista*, 1971. Seminário inédito.
2. BROUSSE, M.-H. O destino do sintoma. In: *Clínica Lacaniana. Casos clínicos do campo freudiano*. Rio de Janeiro: Jorge Zahar, 1989, p. 69.
3. MILLER, J.-A. C.S.T. In: *Clínica Lacaniana. Casos clínicos do campo freudiano*. Rio de Janeiro: Jorge Zahar, 1989, pp. 9-13. (Trabalho original publicado em 1982).

ensaio de clínica psicanalítica; nesse artigo ele afirma que "(...) a clínica aparece para o analista como antiética ao discurso, pois admite que o saber se destaca do lugar que lhe compete na experiência: explicitar o saber é deixar de o supor".[4] A clínica psicanalítica somente pode ser o saber da transferência, quer dizer, o saber suposto tornado transmissível, por outras vias e com outros efeitos que não os da experiência da qual ele se forma. Confirmando sua preocupação com a transmissibilidade do saber suposto, segue até hoje quando nos convoca a bem dizer a análise do *parlêtre*: o *parlêtre* não o analisamos, trata-se de dizê-lo. Nesse texto, ainda, nos convoca a delimitar no plano clínico, os inícios, com tanta precisão quanto a da travessia da fantasia como término da análise. A concepção do término da análise mudou de lá para cá, mas há algo que permanece: em todos os casos onde há entrada, há um encontro com o real. Toda entrada em análise indica, segundo ele, um golpe desferido na segurança que o sujeito encontra na fantasia, definida como a "(...) matriz de toda significação à qual ele tem acesso normal".[5] Aqui ele remete ao advento do sujeito do inconsciente, à própria instituição do sujeito suposto saber, logo cobre o que ele atesta de destituição subjetiva. Nesse sentido nada de travessia da fantasia no passe do analisando como passe inaugural. Mesmo que se revele no *après-coup* do término de uma análise que a entrada se prendia a um golpe desferido na fantasia, "como o analista poderia sabê-lo se a fantasia por axioma só emerge de uma construção em análise?".[6] Com isso gostaria de assinalar como J.-A. Miller faz a transmissão dele, radicaliza para provocar, para em seguida argumentar mostrando que a comparação entre entrada e passe ou entre demanda ao analista e ato analítico, provam que "(...) a iniciativa tem para o sujeito valor de ato".[7] O ato na entrada está, igualmente, do lado do praticante que autoriza a experiência ou não, ao analisando que aí se engaja.

4. Idem, ibidem, p. 9.
5. Idem, ibidem, p. 10.
6. Idem, ibidem, p. 12.
7. Idem, ibidem, p. 11.

A demanda, por pouco que esteja fundamentada na prática analítica, deve ser situada como consequência de uma transferência encetada antes: no começo da psicanálise está a transferência, não a demanda de análise. Aqui se trata da *Proposição de 1967*.[8] Nesse texto, CST, J.-A. Miller introduz a entrada pelo sintoma, a colocação em forma do sintoma, ou, como Lacan propõe em Kant com Sade[9], a "ordenação subjetiva". O sintoma requer a implantação do significante da transferência. E então fala dos três tempos da sequência da entrada: o sintoma se identifica com a realidade quotidiana, a emergência do sintoma como solução de continuidade (*a posteriori* a incidência da relação com o objeto *a*, dando ao sintoma status de real) e a demanda ao analista suportada pelo sintoma.

O sintoma analítico se constitui pela formulação do sintoma, momento em que o analista se acopla ao sintoma, complementando-o. Trata-se historicização do sujeito, constituindo sua abertura ao Outro.

Outro exemplo do modo pouco convencional das EP está na descrição desse início como "um encontro de corpos". O preliminar não quer dizer prévio, as entrevistas preliminares assim destronam o lugar da entrevista prévia, lugar onde se pretendia definir o futuro analisando, postular contraindicações à análise, etc.

Há confrontação de corpos e o preliminar deve ser entendido como limiar, um limiar a ser transposto e fazendo parte da direção do tratamento. É nessa medida que passam a fazer parte do que Lacan denominou como "A Entrada em Análise".

Vejamos como ele cita o encontro de corpos no *Seminário 19*:

> Quando alguém me procura no consultório pela primeira vez eu escando nossa entrada na história com algumas entrevistas preliminares, o importante é a confrontação de corpos. É justamente por isso, a partir desse

8. LACAN, J. Proposição de 9 de outubro de 1967 sobre o psicanalista da Escola. In: *Outros escritos*. Rio de Janeiro: Jorge Zahar, 2003, pp. 249-264 (Trabalho original publicado em 1967).
9. LACAN, J. Kant com Sade. In: *Escritos*. Rio de Janeiro: Jorge Zahar, 2003, pp. 776-803 (Trabalho original publicado em 1966).

encontro de corpos, que este não entra mais em questão, a partir do momento em que entramos no discurso analítico.[10]

O primeiro advento do sujeito, a constituição do sintoma analítico, a retificação subjetiva, o significante da transferência, são condições para se dizer que o limiar foi transposto e que se deu na experiência a entrada no discurso analítico. Nesse limiar se produz o sujeito do inconsciente.

"A lição a ser extraída disso é que o importante é, como se diz, continuar, na psicanálise, centrados no real"[11], J.-A. Miller afirma em seu curso de "orientação lacaniana". O privilégio que a psicanálise tem em se centrar no real, pode ser verificada na prática.[12]

O propósito, a meu ver, desta coletânea, é expor a modalidade de tratamentos breves, com tempo limitado, praticados no CLIN-a, sempre fiéis aos princípios da psicanálise na orientação lacaniana.

E para concluir, remeto os leitores a uma referência de J. Lacan (1964/1985, p. 121) do Seminário 11[13] que, por sua vez, nos leva aos preliminares da experiência analítica:

> A presença do analista é ela própria uma manifestação do inconsciente (...) Vocês têm aí acesso rápido à formulação, que coloquei em primeiro plano, de um movimento do sujeito que só se abre para tornar a se fechar, numa certa pulsação temporal.

10. LACAN, J. *O saber do psicanalista*, 1971. Seminário inédito.
11. MILLER, J.-A. (1996-1997). Lição de 20 de novembro de 1996. In: *El Otro que no existe y sus comités de ética. Seminario en colaboración con Éric Laurent*. Buenos Aires: Paidós, 2005, p. 13.
12. MILLER, J.-A. Vers le réel. In: *Comment s'orienter dans la clinique*. Paris: Le Champ freudienne, 2018. p. 14.
13. LACAN, J. (1964). *O Seminário livro 11: os quatro conceitos fundamentais da psicanálise*. Rio de Janeiro: Jorge Zahar, 1985, p. 121.

Perspectivas da Clínica do CLIN-a

Rômulo Ferreira da Silva

Desde a fundação do CLIN-a, em 2003, a proposta de se constituir uma clínica orientada pela psicanálise se impôs.

O Instituto de Pesquisa em Psicanálise – IPP, que existia até então em São Paulo, ligado ao Instituto do Campo Freudiano, foi desfeito, e em seu lugar foram criados três novos Institutos: a CLIPP, o IPLA e o CLIN-a. Essa divisão ocorreu baseada no *Ato de Fundação* de Jacques Lacan, no qual ele justifica que:

> Esse título em minha intenção representa o organismo em que deve realizar-se um trabalho – que no campo aberto por Freud, restaure a sega cortante de sua verdade; que reconduza a práxis original que ele instituiu sob o nome de psicanálise ao dever que lhe compete em nosso mundo; que, por uma crítica assídua, denuncie os desvios e concessões que amortecem seu progresso, degradando seu emprego.[1]

Lacan constituiu três Seções como frentes de trabalho em sua Escola, afirmando que "Esse trabalho é indissociável de uma formação a ser dispensada nesse movimento de reconquista".[2]

Ao Instituto da Psicanálise Lacaniana (IPLA), coube a proposta orientada pela *Seção de psicanálise pura*; à Clínica Lacaniana de Atendimento e Pesquisas em Psicanálise (CLIPP), a *Seção de psicanálise aplicada*; e ao CLIN-a, a *Seção de recenseamento do Campo Freudiano.*

1. LACAN, J. Ato de Fundação. In: *Outros escritos*. Rio de Janeiro: Jorge Zahar, 2003, p. 235. (Trabalho original publicado em 1964).
2. Idem, ibidem.

Uma das vias que se apresentou para o desenvolvimento da proposta do CLIN-a foi a criação de uma clínica que pudesse fazer laço com outros discursos que gravitam em torno do sofrimento psíquico: a medicina, a psiquiatria, a saúde mental, os dispositivos jurídicos, a educação, a cultura e as artes. Não sabíamos muito bem como propor uma clínica que pudesse se articular com essas áreas e a proposta encaminhava-se para uma prática não *standard,* justamente para propiciar o intercâmbio.

O CLIN-a acolheu em sua sede as iniciativas do Campo Freudiano que se constituem como Redes Internacionais, representadas pelo Centro Interdisciplinar de Estudos sobre a Criança – CIEN e pelos Núcleos de Pesquisa: Núcleo de Pesquisa sobre a psicanálise com crianças, o CEREDA; alcoolismo e toxicomanias, o TyA; além dos Núcleos sobre as psicoses e os recursos humanos.

A clínica do CLIN-a apresentou-se como possível ponto de conexão entre tais iniciativas de pesquisa, propiciando a circulação da prática da psicanálise nessas vertentes.

Pesquisamos algumas experiências clínicas orientadas pela psicanálise que ocorriam no âmbito do Campo Freudiano à época, e deparamo-nos com as práticas em torno das "(...) crianças em dificuldades: autistas, psicóticos ou crianças que apresentam graves transtornos de personalidade".[3]

Fundamentalmente, a experiência da *Antenne 110,* fundada em 1974 por Antonio Di Ciaccia, em Waterloo, na Bélgica, nos orientou nos primeiros passos. Essa prática, denominada por Jacques Alain Miller como *"pratique à plusieurs"* – prática entre vários –, foi inaugurada a partir de dois princípios: "(...) um, responder adequadamente à estrutura do inconsciente, e um segundo princípio particular que reside na marca deixada por um 'eu quero' originário".[4]

Di Ciaccia ressalta que há mais de uma maneira de trabalhar "entre vários", para além do que conhecemos como um trabalho em

3. RUEDA, F. Editorial. *Cuadernos de Psicoanálises – Revista del Instituto del Campo Freudiano en España.* n. 28, 2003, p. 05.
4. Idem, ibidem.

equipe, e que "(...) essa diversidade depende estreitamente desse Um fundador."[5]

O Um fundador não se pauta pela posição do mestre, não está embasado na posição de Outro, e sim na posição de Outro barrado, como nos orienta o discurso analítico. É desse aprendizado teórico que surge a proposta de escapar da forma automática à qual tende o trabalho institucional, pois "(...) há uma antinomia entre o trabalho de um analista e o funcionamento de uma instituição."[6] É o Um do vazio que se coloca como agente dessa empreitada, sendo essencial "(...) ser o guardião desse vazio central, de encarná-lo."[7]

A partir da resposta de Lacan à uma pergunta sobre o autista em sua *Conferência de Genebra* de 1975 – "(...) [os autistas] não escutam o que vocês têm a lhes dizer quando vocês se ocupam deles... Mas, sem dúvida, há algo a dizer-lhes."[8] – Di Ciaccia, apresenta as condições para que o tratamento analítico possa ocorrer nessa situação, mesmo não obedecendo ao tratamento dito clássico. Ele propõe que é preciso tomar o problema ao reverso, inventando outras modalidades de trabalho:

> Primeiro: que haja disjunção entre o lugar e o espaço, "sendo" o lugar do simbólico essencial para esses sujeitos, como para todo ser falante, apesar de que o espaço simbólico lhes resulte perigoso. Esse espaço é o espaço do recalque para o neurótico e o que não inscreve do Nome-do-Pai para o psicótico, ou seja, o da foraclusão. Esse espaço designa o lugar onde aparece o real que não foi simbolizado.
>
> Segundo: que se faça espaço ao Outro da palavra, como Outro que reconhece o sujeito, duplicado pelo Outro da linguagem como lugar onde se inscrevem os significantes. Portanto, esse Outro, certamente simbólico, deve ser diminuído do gozo em excesso, do gozo mortífero.

5. DI CIACCIA, A. De la Fundación por uno à la práctica "entre vários". *Cuadernos de Psicoanálises – Revista del Instituto del Campo Freudiano en España*. n. 28, 2003, p. 75.
6. Idem, ibidem, p. 76.
7. Idem, ibidem, p. 79.
8. LACAN, J. Conferência em Genebra sobre o sintoma. *Opção Lacaniana*, n. 23, 1998.

> Terceiro: que se assegure para esse Outro, regulado e limitado, uma continuidade de tempo e espaço. Creio poder dizer que é em razão dessa continuidade que se justifica – socialmente – a existência de outras instituições para além das relações familiares...
>
> Quarto: finalmente, é preciso – condição para o funcionamento de uma instituição – que haja outros que aceitem fazerem-se parceiros da criança autista para jogar um por um, com cada uma dessas crianças, toda uma partida com os dados mencionados. Em minha opinião, é com essas condições, como oferta de lugar para o sujeito, que se pode ter a sorte de algum resultado.[9]

Ele orienta inventar modos de elevar as manipulações corporais e dos objetos, já praticadas por esses pacientes, à dignidade de uma cadeia significante, revelando suas posições subjetivas.

Pudemos depreender desse ponto que os elementos discretos que surgem no discurso dos sujeitos que se inserem nos tratamentos de grupo, disseminados pelas formas atuais de abordagem da saúde mental, poderiam ser pinçados no transcurso de uma atividade coletiva.

E Di Ciaccia arremata sua orientação:

> É um trabalho no qual cada um funciona em primeira pessoa. Mas é um trabalho onde um não trabalha sem o outro. O terceiro está sempre convocado pelo traço de outro em carne e osso, ainda que possa estar somente presente pelo seu nome. É um trabalho no qual cada um deve estar à altura de se destituir como único parceiro da criança, em benefício do deslocamento constante entre um parceiro e outro. Esse movimento impede a petrificação das relações criança-adulto e favorece a movimentação de múltiplas relações criança-adultos na vertente do significante, encaixando-o no desejo.[10]

9. DI CIACCIA, De la Fundación por uno à la práctica "entre vários". *Cuadernos de Psicoanálises – Revista del Instituto del Campo Freudiano en España*. n. 28, 2003, p. 88.
10. Idem, ibidem, p. 93.

Nos debruçamos nos detalhes dessa experiência para enfrentar o desafio de inventar uma forma de trabalho que alcançasse a clínica contemporânea.

Não escapamos de um certo afunilamento da população a ser atendida, uma vez que no nome do Instituto consta tratar-se de um centro que investiga a ansiedade. Porém, o que se visava, em última instância, era abranger o sofrimento humano de forma geral.

O termo "angústia" obviamente seria mais adequado à proposta por estarmos inseridos em uma instituição psicanalítica.

A psiquiatria, assim como as demais disciplinas que compõem o campo da saúde mental, busca separar a angústia da ansiedade. A primeira, abordada como inerente ao ser humano, não se coloca como objeto de ação desse campo porque não seria cabível tornar patológico um traço genuinamente humano.

Cada vez mais, o que é experimentado como angústia torna-se índice do que, pelos métodos ditos científicos, é catalogado como ansiedade. Descortina-se, portanto, o caminho para que as manifestações da angústia possam ser reunidas e classificadas em um espectro que configura os Transtornos de Ansiedade.[11]

A ansiedade, como um significante que representa o sujeito para outro significante, a doença, se oferece como alvo de tratamentos os mais variados. Na proposta de se promover o bem estar biopsicossocial, a eliminação da angústia revestida pelo significante "ansiedade" torna-se um sintoma a ser eliminado.

Frente a uma crise de angústia hoje, é possível desencadear-se uma investigação diagnóstica de alta complexidade: exames complementares que incluem os sistemas neurológico, cardiovascular, hormonal, e tudo mais que possa justificar o aparecimento abrupto de sintomas, tais como taquicardia, sensação de despersonalização, sudorese, dormência, formigamento, sensação inespecífica de tontura ou de morte iminente, visão turva, etc.

11. ORGANIZAÇÃO MUNDIAL DA SAÚDE (OMS). *CID-10*. São Paulo: Ed. USP, 1994, p. 341.

A pesquisa diagnóstica para esses eventos foi se distanciando cada vez mais daquilo que poderia ser o ponto orientador da abordagem da angústia. Em muitas situações, com algumas perguntas simples sobre a vida do paciente que chega ao Pronto-socorro, pode-se localizar a origem dos sintomas apresentados.

É possível escutar de alguns casos que os sintomas cessam logo na chegada ao hospital, mas que, por constrangimento, insistem em dizer que apresentam "dores no peito", "taquicardia" e em relatar doenças genéticas que poderiam justificar tais manifestações físicas. Nesse momento, eles já se dão conta de que não se trata de um evento orgânico, mas temem serem hostilizados pela equipe do hospital, *"já que essa equipe encontra-se envolvida com quadros mais sérios"*.

Tais crises ocorrem pela impossibilidade de colocar em palavras o sem sentido da vida que todos nós experimentamos.

A angústia é o afeto que denuncia o que jamais foi assimilado pelo sujeito e que diz respeito à sua "(...) inefável e estúpida existência".[12] A angústia é o que denuncia a presença do real.

O real é avesso às vias de simbolização, porém, ele não deixa de fazer parte da constituição subjetiva. Apesar de real e simbólico serem registros heterogêneos, o ato da fala apazigua a angústia.

A partir da constatação de que o termo "angústia" tornava-se cada vez mais distante das abordagens do sofrimento humano, já que substituído pelo termo "ansiedade", decidimos que o significante "ansiedade" seria o mais apropriado à Clínica do CLIN-a.

Nossa proposta assim se configurava: transmitir o que o mundo contemporâneo insiste em tornar patológico e é próprio do ser humano. Portanto, insistir na "sega cortante da verdade freudiana", que não se trata de querer livrar-se da condição humanizante da fala, mas, sim, alcançar uma maneira de se haver com esse sofrimento.

Utilizar o significante "ansiedade" foi uma maneira de abrir as portas do inconsciente para aqueles que acreditavam que suas mazelas

12. LACAN, J. De uma questão preliminar a todo tratamento possível da psicose. In: *Escritos*. Rio de Janeiro: Jorge Zahar, 1998, p. 555. (Trabalho original publicado em 1957-1958).

tinham explicações e justificativas distantes de suas posições subjetivas.

O desafio seguinte foi pensar como propor a prática não *standard* da psicanálise como tática para se chegar ao nosso alvo, ou seja, fazer passar da ansiedade à angústia, podendo abordá-la pela via da palavra.

É nessa encruzilhada que a prática entre vários com os psicóticos encontra-se com a clínica contemporânea, ou seja, mais uma vez podemos extrair lições da psicose para o manejo da clínica da neurose.

A proposta incluía a gratuidade e buscávamos extrair as consequências dessa oferta, já que não se tratava simplesmente de dar acesso à psicanálise aos menos favorecidos.

O tempo limitado, de até seis meses, foi a contrapartida indicada para um tratamento nessa instituição. Tal exigência comprometia a equipe a demarcar o começo, o meio e o fim do tratamento. Era necessário, em cada um dos casos, localizar a situação de entrada no tratamento, as reviravoltas ocorridas no decorrer dos seis meses e uma conclusão.

A conclusão precipitava-se no frescor das atividades. Por exemplo, quando um paciente localizava um elemento do início do tratamento, re-significando-o. Pudemos recolher em muitos casos o que levamos em conta nas entradas em análise no dispositivo *standard*, ou seja, a tomada da palavra de forma comprometida e não apenas girando em torno da queixa e da busca de alívio sintomático, e mesmo a retificação subjetiva.

Nesses momentos, o coordenador da atividade localizava o ocorrido, no grupo ou fora dele, precipitando o fim do tratamento.

A ideia era fazer circular a palavra sem que um significante qualquer se enganchasse em um dos analistas que coordenavam as atividades, pois propunha-se a transferência voltada à palavra e sustentada pela instituição. Tal evitamento da instalação da transferência nos moldes clássicos mostrou-se um equívoco. Pelo simples fato de oferecer-se à escuta, algo do sujeito que fala engancha-se no outro que escuta.

Os analistas tiveram de *saber-fazer* com a transferência.

Outra preocupação constante era a de que o modo de condução dos tratamentos não se apresentasse como uma sala de espera para uma análise *standard*.

Podemos dizer que, dentre as dificuldades encontradas nessa época pelos analistas envolvidos nesse projeto, uma das mais importantes foi, para cada um, fazer-se objeto multiuso.

Segundo Miller,

> Freud inventou um tipo inédito de sujeito formado, sem dúvidas, para interpretar o inconsciente e sustentar a transferência mas, igualmente, por essa via mesmo, feito para suportar o automatismo de repetição e encarnar o objeto da pulsão. Esse objeto-psicanalista é, doravante, disponível – disponível no mercado como se diz – e se presta a usos muito distintos daquele que fora concebido sob o termo de 'Psicanálise pura'... É que o objeto-psicanalista é espantosamente versátil, disponível, multifuncional, se posso dizer.[13]

Apesar de não ter sido uma preocupação do CLIN-a fazer levantamentos estatísticos da evolução dos quadros clínicos, os efeitos terapêuticos eram evidentes. Eles eram relatados pelos pacientes de forma espontânea, sempre demarcando pontos cruciais da fala dos coordenadores das atividades, ou mesmo de um outro paciente.

Como era de se esperar, não se tratava de perseguir o desaparecimento das queixas que motivaram a busca pelo tratamento, mas, sim, um mínimo de responsabilização da parte do sujeito por sua posição de satisfação no contexto sintomático. Os efeitos terapêuticos vinham por acréscimo e não eram ressaltados pelos coordenadores como justificativa para a conclusão do tratamento.

A conclusão, quando não se havia ainda cumprido os seis meses propostos no início, propiciava a inclusão do tempo lógico no dispositivo.

Retrospectivamente, pudemos também demarcar uma clínica diferencial das estruturas que se apresentavam para o tratamento.

13. MILLER, J-A. As contra-indicações ao tratamento psicanalítico. *Opção Lacaniana*, n. 25, 1999, p. 54.

Observávamos como alguns pacientes, em atividades específicas, buscavam no significante "ansiedade" um modo de bordear acontecimentos de corpo. Mesmo sinais e sintomas nitidamente psicóticos, tais como alucinações e delírios, eram colocados por esses pacientes como submetidos à ansiedade. Encontravam, assim, uma possibilidade de apaziguamento ao se verem agrupados por um diagnóstico "mais leve" do que aqueles que diziam respeito ao capítulo das psicoses.

Esses pacientes tinham tendência a permanecerem *ad infinitum* na instituição, não propiciando à equipe o encontro do momento de concluir.

Por outro lado, os pacientes neuróticos apresentavam questionamentos sobre a rigidez com a qual os diagnósticos haviam sido dados em outras instituições. Apareciam discordâncias entre o que experimentavam no corpo como manifestação da angústia e o modo como os sintomas eram descritos nos manuais diagnósticos. Ocorria uma busca de bem-dizer o sofrimento que texto nenhum poderia transmitir. O momento da conclusão podia então precipitar-se na decepção com a inoperância de um rótulo colocado no sofrimento singular.

Para orientar-nos no cotidiano das atividades, havia o que chamávamos de "Diário de Bordo". Nele, anotávamos os significantes privilegiados de cada paciente. Ele era consultado sempre antes do início das atividades para que a atenção flutuante do coordenador pudesse operar a partir da escuta ocorrida pelos demais analistas.

Os casos eram construídos em reuniões da equipe nas quais os elementos soltos, surgidos ao longo do tratamento, eram pinçados, possibilitando a decantação da posição do sujeito. Uma clínica feita por vários, *entrevários,* neologismo com o qual passamos a denominá-la, e que, inclusive, deu nome à revista do CLIN-a.

Da abordagem da neurose a partir da perspectiva proposta para a psicose pudemos nos orientar em relação aos sintomas contemporâneos. Nesses casos, observa-se uma ancoragem em um significante qualquer da cultura, na tentativa de livrar-se da significação fálica advinda na constituição do sujeito.

Avaliamos que, se por um lado nossa abordagem pôde ampliar uma espécie de guarda-chuva para os psicóticos, fornecendo mais chances de estabelecer laços sociais, por outro, aos neuróticos de nossa época, não mais orientados pela norma paterna, possibilitava retomar o que há de singular de cada um em sua relação com o Outro.

Independentemente da estrutura, também pudemos depurar a diferença entre os sujeitos que chegavam em situação de urgência, buscando um S2 que acolhesse o sofrimento e desse lugar à fala, e outros, já instalados em um S2, a ansiedade, que perduravam na deriva em que se encontravam.

No segundo caso, a presença do analista no acolhimento da fala, sabendo manter-se à distância de um saber preconcebido sobre o sujeito, possibilitava um remanejamento significante e a abertura para novas escolhas.

Certamente, essa experiência teve repercussão na prática de cada um dos analistas que dela tomaram parte, tanto na instituição quanto na prática privada.

A experiência da Clínica do CLIN-a avançou e, aos poucos, as oficinas coordenadas pelos sócios-fundadores da instituição passaram a contar com a presença de novos praticantes: jovens analistas oriundos do Curso de Formação ou dos Núcleos de Pesquisas. Incluímos, dessa maneira, uma prática de "Clínica-Escola".

Dando consequência às conclusões sobre a pertinência da prática *entrevários* e às modificações sofridas no funcionamento, a clínica foi reformulada. A experiência esclareceu-nos que cabe ao analista esvaziar sua presença ao máximo para dar lugar ao sujeito.

Os pacientes continuaram chegando da mesma maneira que antes, os mesmos encaminhamentos, as mesmas queixas e expectativas. O que mudou foi a convicção de que é a posição do analista que dá as condições para que um tratamento analítico ocorra, mesmo sendo ele realizado na instituição, gratuito e com tempo limitado.

Os atendimentos passaram a ser realizados individualmente, substituindo as atividades conjuntas.

A lógica da prática entre vários mantém-se, pois o primeiro atendimento é realizado por um analista que encaminha o paciente a um outro, que, por sua vez, apresenta-o na reunião geral. Os elementos da construção do caso continuam sendo colhidos das diversas fontes, incluindo as informações das secretárias da instituição.

A supervisão passou a ser oferecida de forma gratuita aos praticantes, sem limite de número de sessões.

Houve uma segunda reformulação do dispositivo da clínica, na qual se propôs a divisão dos praticantes em pequenos grupos, cada grupo com um coordenador, na perspectiva de que esse coordenador encarnasse a posição de mais-um de um Cartel, ao contrário de um líder de grupo.

Atualmente, a inserção de novos participantes na experiência ocorre a cada dois anos e é necessário um tempo para que se inicie a prática clínica propriamente dita. Essa medida foi proposta para que a lógica extraída das experiências anteriores possa ser transmitida em um tempo preliminar ao atendimento entre vários. Mesmo que o tratamento ocorra no âmbito privado, o paciente permanece como um paciente referido ao Instituto. A gratuidade e o tempo limitado permanecem, assim como o rigor de que esse atendimento tenha começo, meio e fim, a ser transmitido para o conjunto dos analistas que compõem a Clínica do CLIN-a.

Após o tempo delimitado pela instituição, incluindo a supervisão e a construção do caso nas reuniões gerais, cabe ao paciente, e somente a ele, decidir se continuará seu tratamento orientado pela psicanálise, e com qual analista.

Os desdobramentos da segunda reformulação da clínica do CLIN-a estão em permanente discussão.

A reunião geral ocorre nos moldes de uma conversação, pois todos os participantes da clínica têm acesso antecipado ao material a ser apresentado.

Constituímos dessa maneira o Seminário Clínico, que é um grupo fechado, que permuta a cada dois anos e coloca em discussão sua maneira de funcionar.

É de extrema importância guardar a diferença do que se dá na experiência coletiva de construção do caso, chamado por nós de *entre-vários*, e o que ocorre na intimidade da supervisão.

Temos também insistido nas duas vertentes da supervisão, ou seja, trata-se da orientação na condução do caso mais articulada à formação teórica do praticante, por um lado, e, por outro, de colocar em questão o controle do ato do analista.

Caberá ao praticante, na relação com seu supervisor, localizar os obstáculos à condução do tratamento que podem tocar a análise pessoal.

O Seminário Clínico está articulado ao Ciclo III do CLIN-a, na perspectiva de que as aulas ministradas nesse ciclo estejam em consonância com os temas teóricos que orientam a prática analítica: entrada em análise, transferência, etc.

Cada vez mais a prática se horizontaliza. Trata-se de um dispositivo que retira a coordenação do lugar do Outro que dita as regras de uma prática que se possa querer consolidada.

A figura do coordenador diluiu-se, propiciando um trabalho mais leve, democrático e inventivo, não sem a atenção necessária para a questão: o que estamos fazendo continua sendo psicanálise?

É por essa via que podemos traçar o futuro da experiência clínica do CLIN-a. A prática supervisionada não se coloca sem a conexão do estudo teórico e da análise pessoal do praticante.

Portanto, esse trabalho, no âmbito do Instituto, não está desarticulado da Escola.

Trata-se de um espaço de formação analítica.

1. Psicanálise, ensino e transmissão

Psicanálise e universidade (1919)[1]

Sigmund Freud[2]

Na sequência à *Introdução* de György Szöke[3], divulgamos textos (de Lajos Lévy e Sigmund Freud, de 1919), relacionados à história dos planos e das ideias sobre o ensino da psicanálise na universidade, na Hungria. Como um interessante paralelo, comunicamos também que Hans Liebermann, em 1909, publicou um estudo que incentiva o ensino da psicanálise nas universidades, na Alemanha (*o editor*).

As cercanias de um texto de Freud na língua húngara

Estamos em 1918: uma data significativa na história da psicanálise e, nessa, da psicanálise húngara (na Hungria). Em setembro de 1918, reuniu-se – em Budapeste! – o V Congresso Internacional de Psicanálise, imediatamente após a Guerra Mundial (sobre a qual eles não poderiam saber que essa seria denominada I Guerra Mundial, ainda não tinham ideia sobre a próxima, a Segunda). Escreve Gyula Krúdy:

1. O presente texto foi publicado pela primeira vez, em idioma húngaro, na revista *Gyógyászat*, v. 59, n. 13, p. 192, em março de 1919. Houve uma republicação, em 2004, na revista *Thalassa*, v. 15, n. 2, pp 128-138, também em húngaro. A tradução que apresentamos foi feita a partir dessa segunda publicação, de 2004, direto do húngaro. Como o leitor poderá perceber, trata-se de uma seção maior intitulada "Psicanálise e Universidade", que inclui textos de György Szöke, de Lajos Lévy e de Sigmund Freud.
2. Tradução de Viliam Sinka e Claudete Moreno Ghiraldelo.
3. Nota dos tradutores (NT): Em húngaro, o sobrenome vem antes do nome; na tradução, mantivemos o padrão no Brasil, primeiro nome, depois sobrenome, mantendo a grafia húngara dos nomes.

> Sofrimentos, fome, sujeira, mãos não lavadas, ruas não lavadas (...).[4] Como seria possível curar com totem-tabu, quando tenho só um parente nesse mundo que é a dor? O Congresso que começa nesse dia talvez dê uma resposta para as perguntas dos sofredores.[5]

Mesmo que o Congresso não tenha dado uma resposta, deu, no entanto, alguma explicação, já que, em princípio, tratou dos problemas das neuroses da Guerra. O Presidente da Associação Psicanalítica Húngara, Sándor Ferenczi, teve um papel muito importante na realização do Congresso. Ao seu lado, estiveram personalidades como Géza Róheim, um etnógrafo, que mais tarde tornou-se mundialmente conhecido e que, não menos, foi também um excelente analista; Jenöt Varga, que depois de alguns meses tornou-se Comissário do Povo na República Soviética na Hungria e, ainda mais tarde, tornou-se mundialmente conhecido como economista. Como convidados, estavam presentes analistas que se tornaram conhecidos, como Zsigmond Pfeiffer, Edit Rényi (mais tarde, conhecida como Edit Gyömröi), Erzsébet Révész, falecida ainda jovem. Para mencionar apenas as relações literárias: Edit Rényi (Gyömröi) tratou Attila József[6], Erzsébet Révész tratou Lajos Nagy[7] – em ambos os casos, sem muito sucesso. Estava presente também o jovem Presidente da Associação Psicanalítica Universitária, József Litván (vale a pena conferir em sua biografia sua vida excepcional), também o Secretário dessa Associação Juvenil, Róbert Klopstock, que virou mais tarde um amigo íntimo de Franz Kafka.

Fim da "guerraria"[8], o amplo reconhecimento do sucesso do Congresso confirmou a vontade de que – pela primeira vez no mundo – a psicanálise recebesse uma cátedra universitária – em

4. NT: Era costume, na época, especialmente no verão, quando era muito quente, passar uma carruagem com um grande recipiente de água, lavando as ruas para retirar a poeira e pequenas sujeiras.
5. NT: Gyula Krúdy (*21/10/1878 – †12/05/1933) foi um escritor e jornalista húngaro.
6. NT: Attila József (*11/04/1905 – †03/12/1937) foi um poeta húngaro.
7. NT: Lajos Nagy (*05/02/1883 – †28/10/1954) foi um escritor húngaro.
8. NT: É uma expressão poética, que em português poderia ser "guerraria", palavra não dicionarizada.

Budapeste. Com esse propósito, surgiu também o texto de Freud, publicado na revista *Gyógyászat*[9], uma revista médica especializada de alto nível, reconhecida, com o título: "É preciso ensinar a psicanálise na universidade?"

Segundo o raciocínio desse curto estudo, não é tanto a psicanálise que precisa ter uma cátedra, pois não só a formação dos médicos, a medicina e as outras ciências naturais teriam a ganhar com o conhecimento da abordagem da psicanálise, mas também as ciências humanas (não podemos esquecer quantas décadas tivemos que esperar até que, nas universidades húngaras, a psicanálise conseguisse certo reconhecimento oficial). O editorial da revista *Gyógyászat*, no número de 30/03/1919, trata desse texto de Freud, apontando para inúmeras negações, más explicações que, naquela época (nós já sabemos que mais tarde também), acompanharam a psicanálise, e de modo convincente explica as bases científicas da psicanálise. A letra *lambda* (λ) designa o autor do editorial e facilita a sua identificação: trata-se de Lajos Lévy, um dos fundadores da Associação de Psicanálise da Hungria. Lévy era um excelente Gastroenterologista, não só amigo próximo, mas também médico pessoal de Freud. Mais tarde, no livro-memória dedicado a Ferenczi, intitulado *Estudos de análise da alma*[10], publica o seu brilhante estudo, válido até hoje, valendo-se diretamente da psicanálise no título: "No que devemos estar atentos na anamnese de um doente do coração?" Nesse trabalho, Lajos Lévy escreve: "O conhecimento dos processos psíquicos inconscientes pode proteger um médico dos erros de diagnóstico e das tentativas erradas de direção no tratamento". Ao concluir: "O julgamento do fato, qual metodologia a ser escolhida, da decisão sensível do médico, tudo isso só é possível com base no conhecimento e na avaliação dos processos psíquicos". Ele tratou também Gyula Krúdy. "Nos séculos passados, deve ter havido médicos com um semblante

9. NT: O termo *gyógyászat*, título da revista, significa "cura".
10. NT: Em húngaro, *Lélekelemzési tanulmányok*, "estudos da alma", como eram chamados na época; hoje, já se usa o termo *lélektan*, "psicologia".

sereno que conheceram o segredo da vida e da morte" – escreve Krúdy sobre Lévy no *Purgatório*.[11]

Não muito tempo depois da publicação desse número da revista *Gyógyászat* – também pela influência do texto de Freud – surgiu em Budapeste uma cátedra universitária de psicanálise, a primeira no mundo, a qual foi ocupada com o justo candidato, Sándor Ferenczi. Não por muito tempo. Com a queda da República Soviética, de curta vida, essa cátedra também foi extinta. Tudo isso ocorreu nos meses de verão[12]: o trabalho, de fato, nem chegou a ser iniciado. Viena afastou-se muito de Budapeste, que se afastou, assim, da possibilidade de se tornar um centro internacional da psicanálise.[13]

Esse texto de Freud é conhecido por ser seu único trabalho que não foi escrito originalmente em alemão ou inglês. As edições completas anteriores de sua obra desconheciam sua existência: a primeira edição desse texto foi nos anos 1950, numa edição completa em língua inglesa, uma edição crítica. O texto em inglês foi cotejado com o original húngaro por Mihály Bálint, um conhecido membro da Escola Psicanalítica de Budapeste. Mais tarde, nos anos 1960, a filha de Freud, Anna Freud, traduziu do inglês para o alemão – lembrando a paródia sobre traduções de Frigyes Karinthy[14] –, para uma edição completa da obra de Freud em língua alemã. Todas as edições consideram o texto de Freud como fonte original[15] aquele publicado na revista *Gyógyászat*.

Esse enigma – parcialmente filológico, parcialmente da história da ciência – é solúvel? Mesmo que não tivéssemos provas fidedignas, de alguma hipótese (que parece racional e aceitável) dispúnhamos. (Essa suposição é de outros também: sobre isso conversei com dois

11. NT: *Purgatório* é o título de um livro de Gyula Krúdy.
12. NT: Na Hungria, assim como em todos os países europeus, as férias escolares mais longas são nos meses de verão.
13. NT: Durante o Império Áustro-Húngaro, tanto Viena como Budapeste pertenciam a um mesmo país. Com a dissolução do Império Áustro-Húngaro (final de 1918, após a I Guerra Mundial), passaram a pertencer a países diferentes: Viena à Áustria, e Budapeste à Hungria.
14. NT: Frigyes Karinthy (*25/06/1887 – †29/08/1938) foi um escritor húngaro do gênero satírico, humorístico.
15. NT: Em húngaro, "fonte única e verídica".

especialistas: Lívia Nemes e Ferenc Erös.) Já mencionei que, na época da publicação desse texto de Freud, a cátedra de psicanálise não havia sido im:lantada nem havia a nomeação do professor responsável pela cátedra. Naturalmente, o candidato a essa posição era Sándor Ferenczi. Essa proposta pôde ter contornos mais precisos somente durante a curta República Soviética Húngara.[16] O assunto tornou-se urgente, a ligação (inclusive, naturalmente, a postal entre Budapeste e Viena) tornou-se mais difícil, enquanto o tempo passava. Nessas circunstâncias impositivas, Sándor Ferenczi optou por uma solução também impositiva, que ele mesmo – naturalmente com o conhecimento e apoio de Freud – escrevesse e publicasse sob o nome de Freud na revista de genuína reputação esse pequeno estudo, no qual, como podemos ler, é possível encontrar múltiplas referências – já começando com o título – da necessidade de uma cátedra de psicanálise a ser implantada no ensino universitário.[17]

Esse texto de Freud, mesmo nos dias atuais, não parece inútil nem ultrapassado. Ao contrário, teria de ser aceito como uma recomendação, um bom conselho. Abaixo reproduzimos o editorial de Lajos Lévy, o texto de Sigmund Freud, mantendo a ortografia da época.

György Szöke

16. NT: A República Soviética Húngara (em húngaro: *Magyarországi Tanácsköztársaság*) foi um regime socialista efêmero, governado pela união do Partido Social Democrata Húngaro com o Partido Comunista da Hungria. Foi proclamada em 21/03/1919, após a queda de Mihály Károlyi, e teve seu fim em 01/08/1919. (Cf.: <https://pt.wikipedia.org/wiki>).

17. Nota do original (NO): Com base na correspondência entre Freud-Ferenczi, é provável que a redação do artigo publicado na *Gyógyászat* seja de autoria do próprio Freud. Para tal suposição, há o apontamento na carta de Sándor Ferenczi, de 05/04/1919, na qual comunica a Freud que: "com a sua permissão (por razões táticas) incluí uma pequena frase no seu texto sobre o ensino de PszA. Mais ou menos assim: "Para a pesquisa psicanalítica da psicose, seria necessário um departamento de psiquiatria." (803 Fer, in: Freud-Ferenczi: *Levelezés* II/2, kötet, 230.)
NT: PszA = Psicanálise; Levelezés = correspondência; cartas.

Editorial, de Lajos Lévy[18]

O fundador da psicanálise vai falar hoje para os nossos leitores sobre: é necessário esse método científico ser lecionado na universidade? Ele mostra, de modo convincente, que tanto a pesquisa psicanalítica como o tratamento por esse método não precisavam obter crentes e aplicadores no modo usual do ensino universitário. O ensino individual e o direcionamento até agora em uso trouxeram seus frutos em abundância. Esse método poderia valer também para o futuro. Mas para a formação de médicos e outras formações há a aguda necessidade de que os estudantes recebam informações gerais sobre o que é a essência da psicanálise, e quais suas aplicações como um método de pesquisa? Houve um tempo quando nas universidades alemãs havia aulas de psicologia médica. Foi extinta, porque não contribuía com os estudantes e os médicos, no que poderiam usar na solução dos problemas do dia a dia. Se consideramos o processo de desenvolvimento da psicanálise e principalmente o fato de que ela fornece a única solução convincente do que conhecemos com o nome de sugestão, assim é claro que o médico, que nos seus procedimentos médicos quer conhecer o papel da sugestão, precisa estar informado sobre os conhecimentos obtidos pela psicanálise até agora. Mas um psiquiatra precisa mais do que isso.

Nos últimos tempos, indiquei que, hoje em dia, está em alta a ciência dos caracteres da psiquiatria, que tenta juntar e estudar as características e os padrões dos indivíduos doentes mentais, o que não é nada mais do que uma aplicação superficial e atrapalhada dos conhecimentos da psicanálise. É algo dogmático, que não tem objetivo de estudar cada caso com seus elementos individuais profundos. É uma variedade da análise "selvagem". É tão perigoso quanto esta outra forma, muito disseminada, que se segue. Há alguns meses que uma jovem viúva se queixou que apareceram intensas dores num braço,

18. NO: Forrás: *Gyógyászat*, 1919, 59. évf., 13. sz., 191.

que a torturavam principalmente à noite. Ao examiná-la, foi diagnosticado como neurite o comportamento da doente, o seu *milieu*[19] apontou na direção para que eu tentasse aplicar o iodeto de potássio [KI]. A nevralgia desapareceu logo. Nas conversas com a paciente, entretanto, ficou claro que, antes de mim, um nosso excelente neurologista a consultou, quando após uma curta conversa aconselhou-a como medicamento se casar novamente. É natural que esse colega com "altos conhecimentos científicos" era um crítico severo e feroz inimigo da psicanálise. Nunca se interessou pela psicanálise, pois senão saberia que não pode fazer uma análise selvagem desse tipo. Assim, o caminho foi interrompido *a priori* para que, entre o doente e o médico, surgissem as condições necessárias para a análise. Por isso é preciso que o neurologista receba uma formação prática na psicanálise. Por outro lado, o psiquiatra também, pois a análise é o nosso único caminho para que a gente possa entender e detalhar os elementos do mecanismo psíquico da psicose.

Há semanas que nas páginas da nossa revista continua a discussão sobre a reforma da formação dos médicos. Acredito que essa questão foi esclarecida pelas contribuições de todos os lados. Desconsiderando pequenas diferenças, ficou claro que o sistema atual falhou completamente. Falhou principalmente pelo fato de que não era um ensino prático. Em uma revista médica alemã foi apontado com muita sagacidade que o marceneiro não aprende simplesmente com base na estrutura interna da madeira qual será o melhor processamento e uso de tal madeira, mas pela prática. Temos que nos esforçar para transformarmos em experiência viva e pulsante tudo o que um médico praticante tem de saber. Ele deveria receber da teoria tanto quanto necessita para juntar às suas experiências, para o entendimento dos fenômenos por ele observados. Se vamos ensinar assim – o ensino desse tipo pode se realizar somente ao lado da cama do doente, o que significa uma descentralização mais extensa possível –, as provas vão perder o seu efeito estressante e especialmente o seu caráter de loteria. Em outro lugar já

19. NT: No original, em francês, *milieu* = meio.

expliquei que as provas, especialmente das matérias práticas, devem sofrer uma reforma, que, dos dois examinadores, um deveria ser um médico praticante que possa chegar à convicção de que o estudante corresponde à formação e, por outro lado, para que as provas não sejam simplesmente uma execução rápida de algumas questões; deveria ser como na Alemanha, onde os examinadores têm a possibilidade de, durante alguns dias, verificar profundamente e em diferentes direções, de modo conjunto, a capacidade do estudante na prática com pacientes. Se descentralizarmos o ensino de modo adequado, irá desaparecer o atual tumulto para o *decontura*, o que é superado somente com a injustiça atual em torno da *habilitatio*[20]. Com base numa seleção natural, ficaria claro quem seria adequado para ser um professor? A juventude, sempre mal falada pelo seu faro aguçado, sente pelo lado de quem aprende, quem doa o seu talento para o ensino. E assim os futuros professores irão conseguir a cátedra não por um caminho lateral, mas à base do *vox populi*.

λ [Lajos Lévy]

É preciso ensinar a psicanálise na universidade?[21]

Prof. Sigmund Freud

A questão do ensino da psicanálise na universidade pode ser abordada por dois lados: do ponto de vista do analista e do ponto de vista da universidade.

1. Para o analista, seria uma satisfação se o ensino universitário incluísse a psicanálise, mas ela mesma pode, sem prejuízo, dispensar a universidade. A base teórica de que precisa pode encontrar na literatura e ainda mais nas reuniões das associações psicanalíticas, ou ainda nos contatos pessoais com os membros mais antigos e experientes das

20. NT: *Decontura* e *habilitatio*, palavras provavelmente latinas e de uso no meio acadêmico da época, para as quais não há correspondentes em português.
21. NO: Forrás: *Gyógyászat*, 1919, 59. évf., 13. sz., 192.

associações. A experiência prática, além da autoanálise, pode ser obtida pelo tratamento de casos com a condução e supervisão de um psicanalista reconhecido.

Exatamente essa exclusão da universidade criou essa organização. Se essa exclusão continuar, essa organização, sem dúvida, poderia funcionar bem também.

2. Do ponto de vista da universidade, trata-se se ela quer reconhecer a importância da psicanálise para a formação do médico e do cientista? Se ela optar por isso, tem de garantir como irá incluí-la no ensino.

A importância da psicanálise para o estudo médico e universitário pode ser resumida nos seguintes pontos:

a) É justa a crítica, nos últimos anos, em relação à formação dos médicos de que o estudante é informado unilateralmente sobre anatomia, física, química e falha na condução sobre a importância dos aspectos psíquicos nos diferentes fenômenos da vida, da doença e do tratamento médico. Essa falha da formação leva a uma deficiência chocante do médico. E isso fica visível não somente pelo fato de que o médico não se interessa pelos problemas mais interessantes das pessoas saudáveis e doentes, mas diretamente por torná-lo atrapalhado no tratamento do doente, para o qual um curandeiro ou "artista de cura" poderia ter um efeito maior.

Essa sensível ausência torna necessária há tempos a inclusão da matéria de psicologia médica no plano de ensino. Enquanto as aulas se basearam na psicologia escolar ou se basearam em questões particulares da psicologia experimental, não podia fornecer ao estudante de medicina o que ele viria a precisar, não o aproximou das exigências da profissão e da vida e, por isso, não permaneceu no plano de ensino.

Uma aula psicanalítica pode satisfazer uma exigência. Na sua parte introdutória, antes de falar da psicanálise propriamente, deveria tratar detalhadamente das relações entre a vida psíquica e corporal que são a base da psicoterapia, a sugestão em todas as suas formas deveria conduzir na direção de que a psicanálise poderia obter desfecho superior ao tratamento psicoterápico. A psicanálise, acima dos outros sistemas, dedica-se para que um estudante de medicina seja instruído sobre a ciência da alma.

b) Outra tarefa da psicanálise seria para que preparasse o estudante para o estudo da psiquiatria. A psiquiatria na sua forma atual é puramente descritiva; mostra para o estudante uma série de anamneses que o instruem para que seja capaz de reconhecer as pessoas incuráveis e as perigosas para a sociedade. Essa forma descritiva, se junto a outros ramos da ciência médica, dava-se só do ponto de vista da anamnese etiológica orgânica e anatômica. O médico nem pode compreender o material de suas percepções. Isso pode ser obtido só com base em uma psicologia de profundidade da alma[22]. Baseado em minhas informações, na América chegaram à conclusão de que a psicanálise, como a primeira tentativa de uma "psicologia de profundidade", é abordada com sucesso para a parte até agora não resolvida da psiquiatria. Por isso na América, em muitas escolas de medicina conduzem aulas psicanalíticas como uma introdução à psiquiatria.

O ensino psicanalítico deveria ser executado em dois estágios; na forma de um curso elementar para todos os estudantes de medicina e na forma de uma série de aulas específicas para a psiquiatria.

c) A psicanálise no exame dos processos psíquicos e ações intelectuais segue método especial, que pode ser aplicado não somente para o funcionamento doentio do psiquismo, mas também para a solução dos problemas artísticos, filosóficos e religiosos, e assim ela forneceu valiosos esclarecimentos e pontos de vista para a história da literatura, mitologia, história da cultura, filosofia da religião etc. As aulas gerais de psicanálise deveriam ser acessíveis para os estudantes de outras formações. A fecundação dessas áreas da ciência pelas ideias analíticas poderia criar uma relação mais estreita através de *universitas literarum* com a ciência médica e os estudos que são reunidos nas áreas da ciência enquadradas na filosofia.

Resumindo, temos que declarar que a universidade só tem a ganhar se o ensino da psicanálise for incluído em seu programa. Esse

22. NT: Em húngaro, *Tiefenpsychologie*.

ensino poderia se realizar somente pelo modo dogmático crítico na forma de aulas teóricas. Poder-se-ia dar espaço para apresentações ou experiências de modo bem limitado. **Para o transmissor de psicanálise realizar o ensino, é suficiente somente um ambulatório que poderia fornecer material através dos que são designados como "nervosos".[23] Para exercício estimulante da psiquiatria, seria necessário também um departamento[24] de psiquiatria[25].[26]**

Temos de contar com a objeção de que o estudante de medicina nunca irá estudar a psicanálise de verdade; e isso é fato se pensarmos no exercício prático da análise. Mas seria suficiente se eles aprendessem algo tanto sobre a análise como através dela. O ensino universitário não faz do estudante de medicina um completo cirurgião. Ninguém que escolhe a cirurgia como profissão pode fugir do fato de que vai necessitar por alguns anos de formação em algum dos institutos de cirurgia.

Tradução de Sándor Ferenczi[27]

23. NT: Em húngaro, *idegesek*, que significa "nervosos", que não são "doentes dos nervos".
24. NT: O termo "departamento" é empregado não como um local exclusivamente físico em uma universidade, mas como uma área de um grande hospital, tais como setores de cardiologia, de cirurgia, de psiquiatria etc., em que cada um conta com laboratórios e equipamentos necessários para execução dos atendimentos médicos e que há mútua relação entre os diversos setores.
25. NT: O termo "psiquiatria" é entendido no texto como um método, uma área de conhecimento, tal como a psicanálise. O termo "Setor de psiquiatria", como local físico em hospital ou manicômio era usado na época como "Departamento de Alma". Na universidade, já se usava o termo *psychologie* ("psicologia") como uma ciência.
26. NO: Com essas duas frases marcadas em negrito, Sándor Ferenczi completou a escrita de Freud com a permissão posterior de Freud. Veja Sigmund Freud-Sándor Ferenczi: *Levelezés*. II/2. kötet, 230.
27. NT: O escrito "[Tradução de Sándor Ferenczi]", ao final do texto de Freud, foi acrescentado pelo editor da revista atual, *Thalassa*, de 2004, indicando uma suposição de que Sándor Ferenczi teria feito uma tradução do texto de Freud, do alemão para o húngaro.

Psicanálise e universidade

Dr. Med. Hans Liebermann, médico especializado em psicoterapia[28]

As mudanças atuais da política interna na Alemanha estão levando às mudanças perceptíveis também no ensino universitário. Parece justificável que marquemos as exigências que a reforma do ensino produz com o propósito para que as sugestões não cheguem tarde demais. As exigências por mim representadas não são relacionadas à metodologia do ensino como a maioria trata atualmente em público, mas se trata da introdução no ensino universitário de uma nova matéria, a psicanálise, simultaneamente em duas áreas, na filosofia e na medicina.[29]

Dificilmente pode ser feita a correlação entre os acontecimentos recentes e o que explicaria o porquê de essa nova área não ter sido aceita pelas universidades alemãs. Seria simples mostrar as dificuldades e resistências com as quais lutou cada nova ciência, sendo que a espiritualidade dos nossos círculos intelectuais não deixam aparecer amistosamente as novidades. Uma razão disso está oculta na própria teoria, que elimina muitas ilusões e preconceitos queridos, escandalizando um pensador superficial. Temos que mencionar enfaticamente que em Viena, de onde saiu a psicanálise, e em Zurique, já por longos anos antes da Guerra, foi presente nas universidades; também na América e na Holanda foi ensinada em algumas universidades; e os universitários de Budapeste durante a

28. NO: Hans Liebermann foi um psicanalista alemão, dentre os primeiros docentes da policlínica psicanalítica, fundada em 1920, em Berlim, junto com Karl Abraham, Max Eitingon, Karen Horney, Hanns Sachss, Ernst Simmel. Sobre a vida, o trabalho e as circunstâncias desse seu texto, veja Brigitte Kaderas: Hans Liebermann Plädoyer für die Einführung der Psychoanalyse als Unterrichtsfach an der Universität. *Luzifer-Amor*, 13. Jg. Heft 26, 2000, 113-123. O texto de Liebermann estamos publicando com base nesse número da revista (124-126). A primeira publicação: *Der Kritiker*. Wochenschrift für Politik, Kunst und Wissenschaft, 1 (1919) Nr. 15, S. 68.

29. NT: Os termos *filosofia* e *medicina* têm o sentido de área de conhecimento, seria uma parte da universidade onde se ensinaria todas as matérias da filosofia ou da medicina. Não se trata especificamente de um curso ou de um departamento na universidade.

Revolução[30] exigiram e conseguiram a introdução da psicanálise no ensino. Com base no exposto, minha exigência já se justifica em si mesma. Mas vale a pena considerar até que ponto vai mudar a nossa vida, com que intensidade temos de estar presentes nas atividades intelectuais, assim se torna compreensível que não podemos mais descartar essa exigência.

O fato pelo qual considero a psicanálise tão importante, as linhas a seguir vão justificar. O espaço disponível me obriga a uma curta apresentação.

A psicanálise é um método e um sistema de ideias, sistema construído do conhecimento obtido com a ajuda desse método. O método foi desenvolvido por Zigmund Freud, um neurologista em Viena, e devia servir principalmente para que o conteúdo espiritual da histeria fosse compreensível. Freud chegou à conclusão com base no tratamento hipnótico desses doentes (no início junto com Breuer[31], mais tarde sozinho), que atrás das anamneses histéricas se encontra um significado, o que em certos casos era possível esclarecer com a hipnose e o próprio doente conseguia formalizar isso, através do que ocorria a melhora ou a cura. Devido ao fato de que o tratamento hipnótico era relacionado a numerosos casos problemáticos, Freud durante longos anos de exaustivo trabalho encontrou um método denominado agora como psicanálise, com o qual conseguiu esclarecer os sintomas da doença dos histéricos, possibilitou uma percepção até agora nem pensada na vida espiritual dos saudáveis, e através disso levou a uma visão totalmente nova da psicologia, como também a métodos novos de pesquisa e descobertas nas outras ciências espirituais.[32] A psicanálise justamente por isso significou uma revolução na área das ciências espirituais.

Se Freud não conseguisse achar uma conexão a partir do método de cura do psiquismo doente com a psicologia dos saudáveis e assim construir com isso uma ciência verdadeira, a questão da introdução das aulas de psicanálise seria simplesmente um assunto interno do curso de medicina.

30. NT: A Revolução Soviética na Hungria ocorreu quando o Império Áustro-Húngaro foi desmembrado em dois países, Áustria e Hungria, quando na Hungria surgiu uma revolução.
31. NT: Josef Breuer (*15/01/1842 – †20/06/1925), médico e fisiologista austríaco.
32. NT: O termo "ciências espirituais" refere-se não apenas à psiquiatria, mas num sentido mais amplo, às humanidades, como a filosofia, a literatura, a arte etc.

Mas a psicanálise já ultrapassou isso na ciência médica; esse método e seus resultados levaram à mudança da abordagem das psiconeuroses, que, apesar das muitas lutas, começou a ter uma validação de sucesso. E como em geral ocorre, alguns detalhes da teoria freudiana de repente viraram conhecidos, frequentemente declarados como descoberta própria, claro sem mencionar o nome de Freud, ao mesmo tempo, atacando de uma outra posição. Poderíamos aprovar essa vitória indireta da teoria se não fosse pelo seu longo processo e por ser extremamente diluída. Dentro das ciências médicas, somente Freud conseguiu como pioneiro constituir uma teoria aplicável sobre a estrutura das neuroses, a qual ele e os seus discípulos continuamente ampliaram, a fim de transmitir uma proficiência sempre maior para nós dessa importante e interessante área na prática médica. Com a ajuda deles, conseguiram com inúmeros doentes de nervos, os quais por décadas se submeteram em vão aos tratamentos atuais tentando obter melhoria e cura, tais resultados, que do ponto de vista econômico também temos de apreciar, considerando que os doentes de nervos ética e intelectualmente são indivíduos de pleno valor, que, devido à sua doença, são condenados à inatividade social.

Da psicologia dos saudáveis – esses resultados atraem mais o interesse do público do que da sociedade médica –, até agora tínhamos uma percepção totalmente invertida sobre a nossa atividade espiritual. Alguns dos grandes filósofos – por exemplo, Schopenhauer[33] – mais ou menos reconheceu e apontou essa importante área [atividade espiritual]. Estou tocando a questão na sua maior profundidade, quando o atual conceito de livre arbítrio considero errado. O livre arbítrio não existe no sentido usual. A nossa decisão significa muito mais do que pensamos até agora, sendo que depende da força das nossas pulsões, que agem na alma, mas ao dono da alma é totalmente desconhecido. As pulsões, então, pertencem àquela parte da alma, a qual não é conhecida, nem consciente, por isso é designado com o adjetivo inconsciente. Esse inconsciente é o determinador principal no nosso posicionamento no mundo externo.

33. NT: Arthur Schopenhauer (*22/02/1788 – †21/09/1860), filósofo alemão.

Relato sobre a Policlínica Psicanalítica de Berlim (1922)[1]

Max Eitingon com prefácio de Sigmund Freud[2]

Meu amigo Max Eitingon, que criou e manteve até agora com seus próprios recursos a Policlínica Psicanalítica de Berlim, relata ao público, nas folhas seguintes, sobre o motivo de sua fundação, bem como sobre o estabelecimento e o desempenho do instituto. A esse escrito, posso apenas acrescentar meu desejo que homens ou associações, em outros lugares também, logo sigam o exemplo de Eitingon e fundem instituições semelhantes. Se a psicanálise, além de sua importância científica, também possui valor enquanto método terapêutico, se ela é capaz de prestar apoio a pessoas em sofrimento em sua luta pelo cumprimento das exigências culturais, então também deve estender esse auxílio às muitas pessoas que são tão pobres que não podem remunerar o analista por seu penoso trabalho. Sobretudo em nosso tempo, parece ser uma necessidade social, pois as camadas intelectuais da população particularmente expostas à neurose afundam implacavelmente no empobrecimento. Tais institutos como a Policlínica Psicanalítica de Berlim são também tão somente capazes de superar dificuldades que normalmente contrariam o ensino a fundo da Psicanálise. Eles possibilitam a formação de um grande número de analistas, cuja eficácia deve ser vista como a

1. Apresentado no VII Congresso Internacional de Psicanálise, em Berlim, 26 de setembro de 1922, pelo Dr. M. Eitingon, com um prefácio do Prof. Dr. Sigm. Freud. Leipzig/Viena/Zurique: Internationaler Psychoanalytischer Verlag, 1923.
2. Tradução de Paulo José Carvalho da Silva.

única proteção possível contra o dano aos enfermos causados pelos não versados e não formados, sejam eles médicos ou leigos.

Viena, março de 1923.

Freud

Relato sobre a Policlínica Psicanalítica de Berlim (Março 1920 a Junho 1922) pelo Dr. M. Eitingon

Muitos de vocês ainda se lembrarão, certamente, que nós, na fundação do nosso instituto, nos remetemos à sugestão do professor Freud em sua apresentação no Congresso de Budapeste, *Caminhos da Terapia psicanalítica* (1918). Ele nos advertiu, na ocasião, para nos prepararmos para o momento em que a consciência da sociedade despertaria e o Estado passaria a ver como um dever urgente providenciar ajuda para a alma, tanto quanto outros auxílios para a saúde e socorro à vida. Seriam então criados estabelecimentos e institutos que tornariam os tratamentos psicanalíticos acessíveis a um círculo mais amplo de pessoas. Quando Freud pronunciou essas palavras, que eram metade profecia e metade reivindicação, ainda vivia aquele homem inesquecível entre nós, que com um plano arrojado tentou generosamente trazer todas essas esperanças futuras mais próximas à realização, e é mais do que mero respeito colegial quando, neste ponto, lembro-me do Dr. Anton von Freund, ao me dispor a descrever o caminho por nós percorrido desde a fundação da Policlínica.

Tornar a psicanálise acessível a um círculo mais amplo sempre foi nosso desejo, como de muitos, e quando voltamos aos nossos locais de trabalho no final de 1918, após o fim da guerra, sentimos essa necessidade cada vez mais urgente e inevitável. A miséria neurótica aumentara desmesuradamente, e com ela aumentaram as demandas do público, bem como uma espécie de crescente confiança em nós. O início da guerra parecia, nos primeiros anos, querer devorar a psicanálise, como tantas outras coisas de valor. O que ocorreu foi diferente. Durante a guerra e, inclusive, por sua causa, a análise ganhou muito mais terreno: as neuroses de guerra demonstraram também os mais cegos e ocultos mecanismos freudianos, dos modos mais palpáveis, e nós vivemos, ao final da guerra, no então exército austro-húngaro, a perspectiva de obter estações de tratamento psicanalítico para a neurose; algo semelhante ocorreu para nossos colegas do exército alemão. O V Congresso analítico em Budapeste permaneceu inteiramente sob o signo dessa perspectiva. Quando o fim da guerra culminou com a rebelião na Áustria e na Alemanha, essas perspectivas foram frustradas, e na Alemanha também nada nesse sentido pôde ser esperado do Estado e das autoridades. Os antigos institutos científicos e comunitários vieram a perigo e foram ameaçados em sua existência, novas fundações se tornaram ilusórias, quanto mais numa área cujas autoridades científicas do assunto – pois, como se sabe, nem todas as autoridades obsoletas foram afastadas com a rebelião – posicionavam-se, apesar de tudo, completamente contra. A previsão de Freud não enganara. Iniciativas privadas fariam o começo. Assim foi necessário, não se queria esperar muito, e teve que ser breve, para não se perder o momento propício. Entre nós, ninguém se surpreendeu que tão difíceis tempos de um colapso generalizado fossem propícios à psicanálise. Ela não compartilhava das ilusões agora perdidas; ela há muito chamara a atenção para as forças anímicas latentes e os mecanismos escondidos de indivíduos e coletivos, que agora, depois de tantas quedas e rupturas de fachadas, vieram à luz ainda mais nuas. Nesse estado de ânimo da época, clamava-se por psicoterapia, e o que assim se chamava tinha apenas frases e lugares-comuns para responder e não conhecia outra via, enquanto que a da psicanálise, imperturbável em meio à guerra e à miséria, nesse meio tempo, fora constantemente ampliada. Ela se encontrava, nesses momentos, firmemente fundada, bem assegurada e de grande alcance. Faltava torná-la mais praticável e mais amplamente acessível. Não era necessária muita coragem para enfrentar a grande necessidade com pequenas abordagens de atendimento, bastava não ter medo dos pequenos começos. Em longas conversas com meu colaborador próximo, Doutor Simmel, as particularidades do princípio amadureceram rapidamente e a organização, bem como os fundamentos do nosso instituto, esclareceram-se, sem a necessidade de maiores mudanças em sua realização; apenas as dimensões iniciais cresceram logo durante o planejamento.

Desde o princípio, estava claro para nós: um dos fatores mais importantes da *práxis* psicanalítica é o tempo, o ponto forte de nossa posição é estar aparelhado para o longo caminho. Todos vocês sabem: a atemporalidade do inconsciente e as geralmente amplas regressões exigem em oposição muito tempo, longa duração, a constância efetiva de nossos esforços. Ao querermos realizar uma quantidade considerável de trabalho, precisamos de uma quantidade considerável de horas de trabalho, que deverá ser o mais contínuo e constante possível. Assim se excluía, para nós, como uma maneira de ganhar um maior tempo de trabalho, receber uma contribuição pequena e totalmente voluntária do tempo de um número maior de colaboradores, colegas, embora parecesse, à primeira vista, o mais simples e fácil. Isso nos parecia muito descontínuo, sobretudo muito incerto. Nós nos decidimos pelo outro caminho mais difícil, só possível sob condições favoráveis, isto é, exigir de um pequeno número de pessoas um maior tempo de trabalho na Policlínica, um compromisso, acima de tudo, regular e se possível diário, ao invés de trabalho voluntário.

Recursos financeiros para um modesto começo foram colocados à nossa disposição por iniciativa privada durante uma série de anos e no verão de 1919 o palestrante e o Dr. E. Simmel foram designados pela Associação Berlinense de Psicanálise para inaugurar e dirigir uma policlínica. Nossa proposta encontrou apenas pequeno ceticismo e conquistou rapidamente uma crescente simpatia no círculo dos colegas de Berlim. Nós nos dedicamos aos preparativos e pudemos, após a superação de diversas dificuldades exteriores, abrir nosso instituto, já em fevereiro do ano seguinte, 1920. Primeiro, éramos três colaboradores fixos, além do palestrante, o Dr. Simmel e nossa assistente doutora Smeliansky, com ao todo quatorze horas de trabalho diário. Alguns colegas da Associação, especialmente os doutores Liebermann e Boehm, colocaram sua ajuda à nossa disposição e assumiram algumas análises; pouco a pouco, outros integrantes da Associação os seguiram, como os doutores C. e L. Müller, a doutora Horney e, mais tarde, de modo muito solícito, a doutora M. Klein, transferida de Budapeste a Berlim. O núcleo estável era, entretanto, composto pelos colaboradores fixos, cujo número crescia. Em dezembro de 1920, chamamos o colega Dr. Harnik de Budapeste na Policlínica, no outono de 1921 incorporamos no número de colaboradores o Dr. F. Alexander, formado em Berlim, desenvolvendo-se, em surpreendente curto tempo, num valioso analista, e neste ano nossa equipe foi enriquecida ao acolher a senhorita Schott para análises de crianças e o Dr. Lampl, também formado por nós aqui em Berlim.

Neste ano, éramos já sete colaboradores fixos, com cerca de vinte e cinco a vinte e oito horas de trabalho diário, sem contar as análises realizadas pelos anteriormente mencionados integrantes da Associação, aos quais se juntaram, nesses anos, nossa colega russa doutora Naiditsch, mais os analistas sob nossa supervisão, nossos formandos, os internos da Policlínica, que aqui realizaram seu ano de estágio, atualmente, cinco médicos e uma psicóloga. Sobre essa faceta das atividades de nosso instituto, sobre a Policlínica como instituição de formação psicanalítica, falarei na segunda parte deste relato.

As cinco salas de consulta de nossa Policlínica logo começam a se mostrar insuficientes, o campo das tarefas cresce, mas a falta de espaço físico impede que a nossa casa se expanda. Permitam-me desenhar mais uma vez nossa Policlínica com poucos traços. Com o crescimento do instituto, foi necessário que o estatuto democrático do trabalho médico comum, mantendo-se os fundamentos originais, desse lugar a uma divisão mais organizada. A direção está agora nas mãos deste palestrante, o colega Dr. Simmel é o coordenador, assistido pela doutora Smeliansky e os doutores Harnik e Alexander, além do colaborador Dr. Lampl e a analista de crianças Schott. Os colaboradores recebem uma pequena remuneração fixa, que, desde o começo até hoje, não se equipara aos resultados e sacrifícios realizados por eles. Nós aceitamos esses sacrifícios, porque sem eles nosso trabalho não poderia se manter; somos por isso gratos, e nos alegramos em poder constatar e relatar que os crescentes postos de assistentes oficiais da Policlínica também são úteis na luta por sua existência. Eu já mencionei anteriormente que os recursos financeiros mais indispensáveis nos foram colocados à disposição por um tempo não determinado. Nós trabalhamos com um orçamento muito modesto, o que não apenas nossos colegas estrangeiros irão constatar.

Orçamento:

Instalações no ano de 1919:
cerca de M. 20.000, afora numerosos objetos doados.

Despesas:	Renda:
1920 fevereiro – outubro cerca de M. 20.000	M. 2.500
1920/21 outubro – outubro cerca de M. 60.000	M. 17.500
1921/22 outubro – outubro cerca de M. 150.000	M. 25.000

A estimativa preliminar para o próximo ano, tanto quanto pode ser previsto, consiste em M. 250.000 a 300.000. Nossas despesas dividem-se em: 1. Salários, 2. Aluguel e serviços, 3. Compras e conservação.

Dados dos pacientes:

Durante os dois anos e meio de existência da Policlínica, passaram por ela mais de seiscentas pessoas à procura de auxílio e aconselhamento. Elas chegaram por causa da placa, conselho de amigos e conhecidos, e enviados por médicos, no começo, em indicações mais esparsas, e, depois, cada vez mais frequentes. Digno de nota foi a quantidade de pessoas que chegaram devido à notícia de jornal sobre a inauguração, mesmo tempos depois da mesma. Evitamos a divulgação por meio de algum tipo de reclame ou propaganda, temendo o grande número de procura que não poderíamos atender com nossa pequena possibilidade de oferta. Logo após a abertura do instituto, quando ainda tinha apenas três colaboradores, começamos com cerca de vinte análises. O aumento da quantidade de pessoas procurando tratamento ultrapassava sempre o aumento do número de analistas; no último ano, por volta de cinquenta a sessenta análises ocorriam ao mesmo tempo. Todos os colaboradores estavam quase sempre completamente tomados e nós tínhamos que considerar o tempo todo como aumentar a quantidade de tempo de trabalho. Já que, para nós, tornar a psicanálise mais acessível não significa oferecer terapia analítica de massa, consideramos justo que a alta procura do início caísse um pouco, dando lugar a um menor, mas contínuo afluxo. Dos pacientes dos primeiros tempos da Policlínica, muitos eram doentes crônicos, neuroses inveteradas, casos orgânicos antigos, casos de formações psicogênicas sobre restos de enfermidades orgânicas; pacientes que passavam anos de clínica em clínica, de médicos em médicos, e que agora chegavam ao instituto. Essa categoria se tornou pouco a pouco mais rara. Em sua composição, nossa clientela era bastante variada no quesito idade, gênero, ocupação e posição social (ver tabela 1); desde uma criança de seis anos até um idoso de sessenta e sete anos, desde trabalhador e empregada doméstica até a filha de um general, a sobrinha do primeiro-ministro (depois do 9 de novembro) e um político muito influente. Ao longo do tempo, a procura do proletariado recuou, a da inteligência e da classe média começou a ultrapassá-la. Além do crescente número de pacientes enviados por médicos, há cada vez mais aqueles indicados pelos antigos pacientes da Policlínica. Algumas vezes, aparecem grupos inteiros e círculos de pessoas conhecidas, com grandes crises patológicas, demandando análise, dos quais somente aceitamos os casos mais urgentes; sem perder de vista nossos objetivos terapêuticos, não nos envolvemos em tais trabalhos de saneamento, pelo menos enquanto formos tão poucos.

Tratamento:

O atendimento dos novos pacientes da Policlínica acontece todos os dias, com exceção dos domingos e de alguns dias, reservados a outro objetivo da Policlínica, as atividades de ensino de seu diretor. No começo, o atendimento foi realizado pelo palestrante ou pelo Dr. Simmel concomitante ou intercaladamente. Rapidamente, provou-se muito mais apropriado que se mantenha tudo numa mão só e o palestrante assumiu, no último ano, a totalidade dos atendimentos, o que torna possível um panorama sobre o material. Por razão de discrição, ainda maior do que nas outras especialidades médicas, evitamos a presença de um segundo analista na entrevista preliminar. Caso ela seja realizada por um assistente, esse transmite a anamnese para o diretor, a quem o paciente seria indicado. Só em um aspecto fomos muito rígidos: na questão da urgência. Como, por conta da independência financeira da Policlínica, a questão da possibilidade de realização de uma análise é incomparavelmente mais fácil do que num consultório particular, foi necessário estabelecer uma escala de urgência, para evitar uma sobrecarga. Caso contrário, teríamos, havendo uma neurose, indicado análise sempre que o paciente demandasse ou se declarasse disposto e assim se mostrasse de fato. Com efeito, conosco também dificilmente mais tentativas de análise falham, comparando-se com o que acontece na clínica privada. Não é de pouca importância que nosso instituto tenha certa margem na escolha do analista para cada caso. Certas diretrizes se cristalizaram para as relações concretas de nossa *práxis*, embora não seja fácil enquadrar grande quantidade de relações conforme determinadas regras. Como já mencionei, contávamos com vinte e cinco até vinte e oito horas diárias de trabalho dos colaboradores fixos, mais várias horas diárias, desde que nossos auxiliares, também já mencionados, trabalham no espaço da clínica ou em caráter de exceção em suas próprias dependências, para poupar tempo, além das horas temporárias dos nossos formandos.

A pretensão inicial de reduzir o tempo de uma sessão sistemática e permanentemente de uma hora para trinta minutos tivemos que abandonar. Só foi possível assim proceder com um número muito pequeno de pessoas, que eram, apesar da neurose, muito disciplinadas, como se encontra na Alemanha prussiana, principalmente entre funcionários públicos. A maioria se dá em quarenta e cinco minutos ou mesmo na clássica uma hora. Os pacientes comparecem três a quatro vezes por semana, em casos mais graves com mais frequência. Com esse dispositivo e quantidade de trabalho, pudemos realizar o número considerável de 130 análises, além de numerosas curtas tentativas de análise (lista comparativa de tratamentos, I a VI).

Para um procedimento longo e profundo como o nosso trata-se de uma quantidade impressionante! E pela primeira vez é possível apresentar dados estatísticos sobre a análise, com números coletados num lugar, num período relativamente curto.

Se formos questionados sobre nossos sucessos, podemos nos dar por plenamente satisfeitos e equipará-los, sem receios, ao sucesso de outros tratamentos difíceis, como de enfermidades somáticas graves.

Ainda não solucionamos na Policlínica o problema do tempo, pois ainda não conseguimos encurtá-lo nos casos mais graves, como irão constatar, também precisamos do bem conhecido longo tempo de duração de análise (tabela sobre tempo).

Inclusive, a questão da aceleração, aliás, encurtamento da análise, é uma das nossas principais aspirações no solo da Policlínica e objeto de constante atenção. Até agora sem resultados, apesar do uso empenhado de cada momento propício. Psicanálise é apenas o que Freud assim nomeou, e que teve origem em suas mãos, ou não é uma psicanálise e, nesse caso, também não é um sucesso. A profecia de Freud em Budapeste, segundo a qual "nós teríamos que, na aplicação em massa da nossa terapia, amalgamar o ouro puro da psicanálise" não pudemos realizar, pelo simples motivo de não encontramos o metal apropriado para tal mistura.

O "cobre da sugestão direta" é totalmente inutilizável, mais benéfica é a sugestão indireta do meio impregnado pela psicanálise e a pressão, sentida pelos pacientes da Policlínica, ao, entre tantos inscritos, esperarem por uma vaga livre. O fato de não estarem sozinhos na sala de espera já tem um efeito conveniente, como meus colegas da Policlínica frequentemente confirmam; na sala de espera cheia, a realidade lembra o neurótico de que ele não é a única criança da paternidade médica. O desinteresse pessoal material dos analistas da Policlínica em seus pacientes fortalece a posição dos primeiros consideravelmente e em alguns torna a resistência imediatamente enfraquecida. Uma circunstância do tratamento na Policlínica causou em alguns colegas *intra muros* e *extra muros* muita aflição e preocupação. O nosso manejo da questão do honorário. Temia-se que nós deixássemos de aproveitar um importante meio de pressão e uma boa oportunidade para revelar complexos cruciais do analisando, como o anal erótico. Nós ficamos admirados que esses receosos pareçam não ter ouvido ou notado uma frase muito interessante de Freud, em suas bastante conhecidas entre nós lições de Budapeste. Freud, que verdadeiramente reconhece rapidamente os perigos mais silenciosos das almas dos analisandos e as mais sombrias complicações da técnica, disse simplesmente, a respeito da fundação de instituições psicanalíticas e institutos de formação do futuro, com sua própria segurança soberana: "Esses tratamentos serão gratuitos".

Ora, nós não mantivemos nenhuma vez esse princípio da gratuidade. Por motivos práticos e didáticos, esperamos e desejamos que os analisandos paguem, mas o quanto podem ou creem que possam e nós acreditamos quando declaram que não possam pagar nada, analisando-os naturalmente também. Análises gratuitas e agora até bem remuneradas ocorrem lado a lado na Policlínica e nós não podemos dizer, até onde podemos abstrair dos analistas, que o fator do pagamento ou não pagamento exerça alguma influência substancial sobre o andamento da análise. Eu gostaria, entretanto, de frisar um efeito colateral conveniente da independência de honorários dos analistas da Policlínica, talvez por representar uma pequena novidade, que me lembrou de uma conversa tida há vários anos com Freud na qual ele se referia a possibilidades futuras de nossa técnica e apresenta um tipo de "terapia ativa", cujos ensinamentos de Ferenczi, iniciador da atividade na psicanálise, não receberam a atenção devida. Quando nós, enquanto representantes do instituto, permitimos individualmente que os pacientes das constelações neuróticas paguem pouco ou mesmo nada, assumimos temporariamente o papel (geralmente o papel de pai e em alguns casos de mãe), o papel que os pacientes transferidos nos impingem, desempenhando o mesmo até o momento adequado, no qual podemos retirar esse jogo do paciente. Até então salvamos ou permitimos não poucas análises, que em consultório particular seriam impossíveis, porque a vida só raramente permite uma atividade tão cara. E, assim, ampliamos o círculo dos que chegam à análise. No entanto, não chegaremos com isso até uma "terapia em massa". Isso uma Policlínica não pode, muitas não estariam em condições. Você se lembram de que nós falamos apenas em tornar a psicanálise acessível e queremos com isso dizer que para nosso tamanho, como eu acredito, consideramos justificada a satisfação com os resultados de nosso instituto no modo como a Policlínica aplica a psicanálise, não enquanto superlativo da nossa terapia, mas como um comparativo bem gratificante da mesma.

Eu gostaria ainda de contar com a atenção amigável de vocês sobre mais um assunto, que em si não é novidade, mas que se cristalizou para nós. Trata-se do que chamamos de as análises fracionadas. Vocês todos já fizeram a experiência que a interrupção do tratamento, de certo modo mediante circunstâncias exteriores necessárias, quando ocorre numa fase conveniente da análise, não tem efeitos nocivos para a mesma. Nós, que em primeira linha temos objetivos prático-terapêuticos, e não investigativos, fazemos dessa circunstância uma espécie de princípio em casos apropriados, animados com o sucesso como somos e devemos ser. Se há no estado do paciente uma melhora, se ele, evidentemente sob o esclarecimento da situação interior, alcançou um tanto de capacidade de rendimento e viabilidade, assim interrompemos às vezes nesse ponto a análise e pedimos que ele experimente e confirme o alcançado. Ele pode e deve retornar se for muito pouco. Tal retomada do tratamento mostra, amiúde, uma aceleração da velocidade da melhora adicional e cura final. Eu não poderia finalizar melhor essa parte do meu relato citando, com gratidão, as palavras, frequentemente mencionadas, de Freud em Budapeste, que terminam assim: "de qualquer modo que a psicoterapia para o povo for estruturada, de quaisquer elementos ela vier a ser composta, certamente seus mais eficientes e mais importantes componentes serão aqueles tomados emprestados da rigorosa e imparcial Psicanálise".

II.

Vocês notaram como o crescimento da Policlínica exigiu o aumento quase contínuo do número de nossos colaboradores, bem como nosso contínuo empenho. Do modo mais veemente, cresceu a questão da nova geração de psicanalistas, o mais importante problema prático de nosso movimento, que requeria cada vez mais urgente uma solução. Foi necessário criar oportunidades para ensinar a psicanálise, formar analistas. Esse foi o segundo objetivo que nós abordamos na fundação do nosso instituto. Aulas introdutórias, seminários de orientação já eram antes organizados nos grupos locais, a fim de disseminar o conhecimento da psicanálise. Nós passamos imediatamente a oferecer cursos de ensino e formação de modo regular e sistemático. Com o Dr. Abraham no topo, formamos um pequeno corpo docente para a realização da formação, com os colegas Dr. Simmel e Dr. Sachs, apoiados pelos membros da Associação Dra. Horney e Dr. Liebermann, formação que estimávamos dever durar pelo menos um ano e meio.

Nos anos de trabalho 1920/21 e 1921/22, o Dr. Abraham ofereceu na Policlínica os seguintes cursos:

1920 na primavera: um curso introdutório à Psicanálise.
No outono: o mesmo curso (os dois com cerca de 20-25 integrantes).
1921 I-II: um seminário psicanalítico avançado. Exposições orais sobre os novos trabalhos psicanalíticos (cerca de 12 integrantes).
V-VI: um curso introdutório (30 integrantes).
XI-XII: o mesmo curso (30-40 integrantes).
1922 I-II: novamente um seminário psicanalítico (20 integrantes).
V-VI: um curso introdutório sobre "Experiências da *práxis* psicanalítica" (30 integrantes).

Dr. Sachs tratou, no mesmo período, repetidamente, a questão da aplicação da psicanálise às ciências humanas (*Geisteswissenschaften*), a "Teoria da interpretação dos sonhos", bem como a "Técnica da interpretação dos sonhos", "Problemas sexuais a partir da *práxis* psicanalítica" e ofereceu em seminários exercícios do âmbito de aplicação da psicanálise.

Dra. Horney e Dr. Simmel falaram várias vezes sobre "O ponto de vista psicanalítico para o médico prático", Dr. Simmel, além disso, sobre a "Técnica psicanalítica".

Este palestrante oferece, no começo em associação com Dr. Simmel, três a quatro vezes ao ano, sem datas predeterminadas, um curso prático sobre "Introdução à terapia psicanalítica", para alunos que gostariam de se tornar analistas e que já tenham terminado sua própria análise como pré-requisito para participar, enquanto essa condição é desconsiderada para outros casos, como por exemplo, de médicos que apenas querem uma orientação mais precisa sobre a psicanálise, sem pretensão de praticá-la.

Segundo nossa agora muito firme e bem fundamentada convicção de que nenhum não analisado deve juntar-se aos praticantes da psicanálise, a análise pessoal passiva assume um lugar decisivo no processo de formação, que entre nós ocorre numa segunda parte da mesma, depois de um tempo intensivo de preparação teórica, através de leituras e cursos. Para possibilitar esse tornar-se analista através de um analista que nos pareça competente, nomeamos o Dr. Sachs, com o objetivo de realizar essas análises didáticas na Policlínica.

O número de analisados por ele, nesses dois anos, com o objetivo parcial ou completamente de formação, totalizam 25 pessoas. Dentre eles, foram 13 médicos, 5 médicas, 1 estudante de medicina, 5 pedagogos ou outros aspirantes a práticas de aplicação, além de uma estudante de etnologia.

Daqui, 9 eram estrangeiros: 1 austríaco, 4 húngaros, 1 holandês, 1 americano e 2 ingleses. Só 8 já haviam se ocupado anteriormente da análise, 4 tornaram-se desde então membros do grupo berlinense, 10 frequentadores fixos do mesmo, 13 exercem a psicanálise prática, 12 para objetivo de tratamento, 1 como analista de crianças. Dois dos analisandos, Dr. Alexander e o Dr. Lampl, foram empregados na Policlínica, após o término da formação e curto período de atividade prática conosco.

Uma parte particularmente muito importante do processo de formação por nós gerenciado compõe o trabalho prático na Policlínica, que, possibilitado por essa última, consiste numa novidade. Não foi fácil encontrar a forma certa para esse trabalho, muito embora um só caminho nos parecesse viável; o que em si parece arriscado nós atenuamos por meio de uma supervisão vigilante. Aos jovens analistas, já bem formados por meio do estudo teórico e da própria análise, entregamos um ou mais casos já um tanto conhecidos através de consultas e apropriados para iniciantes, para que possam imediatamente dar os primeiros passos sozinhos. Com base em protocolos precisos, que os aprendizes devem preencher, seguimos exatamente as análises e estamos em situação de perceber os erros cometidos e gradualmente interceptá-los: toda a profusão de erros que os inexperientes cometem, devido a uma má compreensão do objetivo e do método ou do ajuste direto de teoremas e achados da psicanálise. Descrever-lhes nossa experiência ultrapassa os limites deste relato, pois a técnica desse ensino ocorre essencialmente em uma aula sobre a técnica da psicanálise e sobre ela não caberia desenvolver aqui.

Os enfermos entregues aos iniciantes são protegidos na medida em que supervisionamos os tratamentos e estamos prontos, a qualquer momento, caso necessário, a retirar os pacientes dos aprendizes e assumir seu tratamento.

Também podemos ficar satisfeitos com o sucesso da atividade de formação de nossa Policlínica; nossos formandos aprenderam muito e bem nesses dois anos, o que nos prova que estamos no caminho certo. Apenas não avançamos muito, pois boas condições de formação são apenas o começo. Ainda estão para serem criadas possibilidades de aperfeiçoamento. O que esperamos também realizar no futuro próximo.

Estatísticas 1920 – 1922

Ano	1920						1921						1922					
Tipo	Consultas			Tratamentos			Consultas			Tratamentos			Consultas			Tratamentos		
Gênero	homens	mulheres	crianças	homens	mulheres	crianças	homens	mulheres	crianças	homens	mulheres	crianças	homens	mulheres	crianças	homens	mulheres	crianças
Soma	40	51	7	14	26	2	38	73	7	30	36	3	31	56	2	10	21	2
Total	98			42			118			69			89			33		
	140						187						122					
Homens	163			Soma das consultas								Soma dos tratamentos						
Mulheres	263																	
Crianças	23			305								144						
Soma	449																	

Classes de idades

Abaixo 10		10–15		15–20		20–30		30–40		40–50		50–60		Acima 60	
anos															
Masc.	Femin.	Masc.	Femin.	Masc.	Femin.	Masc.	Femin.	Masc.	Femin.	Masc.	Femin.	Masc.	Femin.	Masc.	Femin.
3	8	6	6	10	5	70	65	50	122	30	52	8	13	1	6
11		12		15		137		174		94		21		7	

Classes de profissões

	Masculino	Feminino
Classe trabalhadora	25	35
Empregados	22	41
Funcionários públicos	7	3
Docentes	16	19
Serviços e cuidadores	–	27
Comerciantes	23	–
Estudantes[1]	12	2
Autônomos[2]	56	59
Casados, sem profissão	–	63
Viúvos	–	6
Sem profissão	2	8

1 Entre eles, 5 médicos, 1 médica
2 Entre eles, 1 médico, 14 com grau universitário

Estatística de diagnósticos 1920-1922

Diagnóstico	Masculino	Feminino
Histeria	10	95
Histeria de angústia	8	23
Neurose de angústia	6	19
Neurose obsessiva	27	25
Neurastenia	9	3
Hipocondria	3	5
Neurose de guerra	3	–
Neurose de aposentadoria	–	1
Caráter neurótico	12	1
Estados de inibição	9	20
Gagueira	3	–
Estados depressivos	14	19
Frigidez histérica	–	4
Impotência psicogênica	14	–
Psicopatia	4	1
Homossexualidade latente	6	–
Homossexualidade manifesta	1	–
Sadomasoquismo	2	–
Alcoolismo	1	1
Cleptomania	1	2
Pseudologia phantastica	1	1
Ciclotimia	1	–
Paranoia e Paranoide	6	10
Mania	–	1
Queixas climatéricas	–	11
Epilepsia	6	1
Dementia praecox	6	9
Paralisia progressiva	3	–
Imbecilidade	1	3
Tique nervoso	1	1
Esclerose múltipla	1	1
Arteriosclerose	2	6
Neurose com adoecimento do órgão	1	1

Diagnóstico	Masculino	Feminino
Sífilis Distúrbio de secreção interna	–	1
Doença de Graves (Basedow)	–	1
Adoecimento do órgão sem achado psíquico	–	7

Lista de tratamentos I

Ano	Nome	Masculino	Feminino	Profissão	Idade	Diagnóstico	Duração do Tratamento	Resultado
21	G. A.	1		Trabalhador	19	Gagueira	5 meses	Melhorou
22	H.B.		1	Dona de casa		Histeria de angústia	8 meses	Melhora substancial
21	A. B.	1		Ginasial	18	Caráter neurose obsessiva	9 meses	Melhorou
22	M.B.		1	Professora	33	Histeria de angústia	4 meses	Melhorou
21	H.S.	1		Reitor		Desenv. Inibição sexual	6 meses	Melhorou
21	K.S.	1		Funcionário público		Neurose obsessiva	8 meses	Curado
21	G.S.	1		Comerciante		Histeria de conversão	4 meses	Melhorou
21	F. W.	1		Estudante med.	23	Caráter neurótico	3 meses	Melhorou
21	C. H.		1	Secretária contábil	28	Histeria de angústia	1 mês	Sem efeito
21	R. K.	1		Professor	36	Homossexualidade latente	7 meses	Inalterado
22	L. G.		1	Secretária contábil	17	Caráter impulsivo	6 meses	Inalterado
21	M. G.		1			Dor de cabeça histérica	4 meses	Curada
22	I. K.	1		Artista		Neurose obsessiva	5 meses	Melhorou
22	J. P.	1		Estudante	21	Onanismo excessivo	2 meses	Não concluído
22	E. M.	1		Funcionário público	33	Caráter neurótico	2 ½ meses	Inalterado
22	H. S.	1		Ginasial	18	Histeria de conversão	1 mês	Inalterado

Lista de tratamentos II

Ano	Nome	Masculino	Feminino	Profissão	Idade	Diagnóstico	Duração do Tratamento	Resultado
21	H. S.	1		Dr. Direito	33	Ciclotimia	11 meses	Melhorou, não concluído
22	V.B.		1	Filha de general	32	Inibição neurótica alto grau	10 meses	Não concluído
22	P. A.	1		Funcionário público		Caráter neurótico	7 meses	Melhorou
21	L.K.		1	Estudante	24	Histeria	11 meses	Melhorou, não concluído
20	M.L.		1	Sem profissão		Neurose obsessiva	18 meses	Melhora substancial
21	C.G.		1	Cuidadora	31	Histeria, inibição do desenv.	17 meses	Melhorou fortemente
22	H.B.	1			28	Cleptomania	5 meses	Esclarecido
21	G. S.		1	Sem profissão		Histeria de angústia	6 meses	Curada
20	M. K.		1	Assistente social	35	Estado de excitação sexual Paran.	10 meses	Curada, melhorou
20	F. S.		1	Sem profissão		Histeria, frigidez	18 meses	Curada
21	E. T.	1		Estudante	24	Caráter neurótico	3 meses	Melhorou
21	H. H.	1		Mestre de capela		Pseudolog. phantast.	3 meses	Inalterado
21	B. K.	1		Artista	29	Depressões neuróticas	3 meses	Melhorou

Ano	Nome	Masculino	Feminino	Profissão	Idade	Diagnóstico	Duração do Tratamento	Resultado
22	C. S.	1		Estudante	22	Neurose obsessiva	4 meses	Curado
20	H. M.	1		Estudante	23	Histeria de angústia, neurose obsessiva	3 meses	Melhorou
20	F. F.		1	Sem profissão	32	Neurose obsessiva grave	8 meses	Inalterado
21	J. K.	1		Escritor	43	Caráter neurótico	5 meses	Influenciado convenientemente
21	M. O.		1	Sem profissão	36	Alcoolismo	3 meses	Interrompido
21	L. D.	1		Estudante	28	Gagueira	4 meses	Pouco alterado
20	E. L.		1	Sem profissão	29	Histeria	9 meses	Curada
21	V. L.		1	Sem profissão		Histeria de angústia	2 meses	Interrompido
21	E. Z.		1	Sem profissão	35	Histeria	3 meses	Pouco alterado
21	H. W.		1	Sem profissão	25	Histeria	2 meses	Influenciado convenientemente
21	W. R.	1		Estudante		Impotência psíquica	1 mês	Interrompido
21	H. B.	1		Funcionário público	30	Crises de tontura psíquica	2 meses	Influenciado convenientemente

Lista de tratamentos III

Ano	Nome	Masculino	Feminino	Profissão	Idade	Diagnóstico	Duração do Tratamento	Resultado
21	H. S.	1		Comerciante	24	Neurose obsessiva, Hs.	20 meses	Melhora substancial
20	F.K.	1		Estudante	21	Sadomasoquismo	20 meses	Influenciado convenientemente
20	H. R.	1		Estudante	21	Neurose obsessiva, Impotência	20 meses	Melhorou, não concluído
21	H.H.		1	Secretária contábil	28	Histeria, infantilismo	11 meses	Melhora substancial
21	B.H.	1		Mecânico	21	Melancolia paranoide	4 meses	Melhorou, recaída
21	F.H.		1	Funcionária	35	Histeria, infantilismo	7 meses	Interrompido
21	W.M.	1		Garçom	26	Histeria de angústia	6 meses	Curado
20	B. H.	1		Estagiário	30	Satiríase	5 meses	Inalterado
21	K. R.	1		Músico	41	Histeria de angústia	1 mês	Interrompido
20	A. S.	1		Capitão	40	Paranoide	7 meses	Interrompido
20	J.G.	1		Arquiteto	32	Impotência psíquica	9 meses	Melhorou, interrompido
20	E. G.		1	Sem profissão	30	Histeria	20 meses	Melhorou
20	W. J.	1		Estudante medicina	21	Gagueira, Histeria	20 meses	Inalterado

Ano	Nome	Masculino	Feminino	Profissão	Idade	Diagnóstico	Duração do Tratamento	Resultado
20	O. K.	1		Funcionário	35	Impotência psíquica	10 meses	Inalterado
21	K. B.	1		Funcionário público	52	Ejacul. praecox	4 meses	Melhora substancial
21	E. V.	1		Funcionário público	45	Estados depressivos	9 meses	Curado
22	E. S.	1		Estudante	23	Paranoide	6 meses	Interrompido

Lista de tratamentos IV

Ano	Nome	Masculino	Feminino	Profissão	Idade	Diagnóstico	Duração do Tratamento	Resultado
21	H. R.		1	Secretária contábil	22	Histeria de conversão	9 meses	Melhorou
21	H.S.	1		Pintor		Onanismo compulsivo, Inibição	5 meses	Melhora substancial
20	W. R.		1	Sem profissão	24	Neurose obsessiva	1 mês	Interrompido
20	H.W.	1		Estudante	15	Ação neurót. obsessiva	5 meses	Melhorou pouco
20	E.R.		1	Sem profissão	20	Ausências	2 meses	Melhorou, curada
20	E.K.		1	Sem profissão	24	Dementia praecox	3 meses	Inalterado
21	L.L.	1		Pintor	29	Estados de excitação	5 meses	Curado
20	F. J.	1			31	Neurose	4 meses	Melhorou
20	G. H.	1		Comerciante	31	Neurose de guerra	3 meses	Inalterado
20	F. G.	1		Vendedor	23	Caráter neurótico	2 meses	Interrompido
21	H.P.	1				Histeria de guerra	3 meses	Melhorou
21	S. W.	1		Estudante medicina	25	Medo neurótico de exame	5 meses	Influenciado convenientemente
21	N. S.		1	Sem profissão		Caráter obsessivo, hist.	6 meses	Melhora substancial
21	R. S.	1		Funcionário	7	Estados de angústia e excitação	7 meses	Melhora substancial
21	P. S.	1		Montador		Cleptomania	2 meses	Interrompido

Lista de tratamentos V

Ano	Nome	Masculino	Feminino	Profissão	Idade	Diagnóstico	Duração do Tratamento	Resultado
21	L. B.		1	Estudante	13	Neurose de angústia	12 meses	Melhorou
21	H. B.		1	Estudante medicina	21	Inibições neuróticas	9 meses	Melhorou
21	H. F.		1	Professora	40	Neurose de angústia, Inibições	18 meses	Melhorou
20	F.G.		1	Funcionária	22	Histeria de angústia, depressão	6 meses	Curada
21	T.H.		1	Estagiária	41	Depressão neurótica	6 meses	Inalterado
20	H. H.		1	Datilógrafa	20	Inibições neuróticas	12 meses	Curada
20	R. H.		1	Datilógrafa	26	Histeria	10 meses	Curada
20	H. L.		1	Parteira	42	Neurose obsessiva	2 meses	Curada
20	I. L.		1	Escritora	31	Histeria de angústia	2 meses	Curada
21	N. L.		1	Costureira	32	Neurose obsessiva	4 meses	Inalterado
20	G. P.		1	Funcionária	37	Esquizofrenia paranoide	8 meses	Melhorou, recaída
20	M. S.		1	Secretária contábil	32	Inibições neuróticas	18 meses	Curada
20	E. S.		1	Funcionária pública	24	Histeria de angústia	24 meses	Curada

Ano	Nome	Masculino	Feminino	Profissão	Idade	Diagnóstico	Duração do Tratamento	Resultado
21	E. S.		1	Sem profissão		Histeria	2 meses	Inalterado
21	G. T.		1	Professora	30	Neurose obsessiva	8 meses	Melhora substancial
21	N. V.		1	Sem profissão	26	Histeria	12 meses	Melhora substancial
22	L. B.		1	Funcionária	23	Ideações obsessivas psicop.	3 meses	Melhora parcial, não concluído
20	M. B.		1	Funcionária pública	39	Histeria da angústia	2 meses	Inalterado
20	H. B.		1	Costureira	33	Histeria	2 meses	Inalterado
20	E. C.		1	Secretária contábil	25	Histeria	3 meses	Melhorou, recaída
22	N. F.		1	Funcionária	45	Histeria	3 meses	Inalterado, não interrompido
21	H. F.		1	Professora de jardim da infância	21	Neurose obsessiva	1 mês	Melhora substancial
20	N. G.		1	Sem profissão	30	Neurose do coração, Histeria	2 meses	Influenciado convenientemente
21	E. G.		1	Ginasial	15	Histeria de angústia	2 meses	Interrompido
20	D. K.		1	Sem profissão	31	Histeria	8 meses	Melhora substancial

Ano	Nome	Masculino	Feminino	Profissão	Idade	Diagnóstico	Duração do Tratamento	Resultado
20	E. K.		1	Jardineira	32	Esquizofrenia	2 meses	Inalterado
22	H. M.		1	Atriz	35	Histeria	2 meses	Inalterado
20	F. R.		1	Funcionária	23	Depressão neurótica	2 meses	Inalterado
22	H. S.		1	Funcionária pública	27	Inibições neuróticas	2 meses	Melhorou, não interrompido
22	C. T.		1	Sem profissão	45	Neurose, Paranoide	3 meses	Influenciado convenientemente
20	E. V.		1	Datilógrafa	29	Inibições neuróticas	6 meses	Influenciado convenientemente
21	F. Z.		1	Professora	44	Psicopatia, Paranoide	3 meses	Inalterado
21	H. O.	1		Ginasial	15	Histeria de angústia	4 meses	Melhorou, curado
20	K. P.		1	Funcionária	42	Depressão, Perversidade	6 meses	Curada
22	R. S.		1	Funcionária	24	Hipocondria histérica	3 meses	Curada
21	H. H.		1	Sem profissão	50	Histeria, climatério	4 meses	Melhorou
20	M. B.		1	Escritora	37	Depressão neurótica	5 meses	Inalterado
20	A. G.		1	Sem profissão	41	Histeria	4 meses	Melhorou
20	L. D.		1	Funcionária	17	Neurose, Hipertir.	3 meses	Sem efeito
21	S. L.		1	Professora de jardim da infância	28	Neurose obsessiva	2 meses	Melhora substancial
21	H. F.		1	Sem profissão	55	Histeria	2 meses	Melhora substancial
21	C. W.		1	Sem profissão	48	Histeria	1 ½ mês	Sem efeito

Lista de tratamentos VI

Ano	Nome	Masculino	Feminino	Profissão	Idade	Diagnóstico	Duração do Tratamento	Resultado
22	H. B.	1		Estudante	13	Caráter neurótico	9 ½ meses	Melhora substancial
21	W. G.	1		Estudante	12	Cleptomania	5 ½ meses	Curado
21	K. G.		1	Estudante	9	Gagueira	9 meses	Melhora substancial
20	E. L.		1	Secretária contábil	24	Estados depressivos	2 meses	Leve melhora
20	M. B.	1		Estudante	10	Histeria de angústia	1 mês	Sem efeito
20	H. F.	1		Funcionário	21	Epilepsia	2 meses	Inalterado
21	M. H.	1		Pastor	48	Neurose obsessiva	5 meses	Melhora substancial
20	E. M.		1	Funcionária pública	24	Histeria	8 meses	Melhorou
20	O. K.	1		Comerciante		Homossexualidade latente	2 meses	Interrompido
21	L. B.		1	Sem profissão		Crises histéricas de choro	7 meses	Melhorou
21	G. S.	1		Asp. Eng.	20	Neurose obsessiva hist.	8 meses	Melhorou
22	M. R.	1		Estudante medicina	22	Inibições neuróticas	4 meses	Não concluído
21	F. B.		1	Estudante	23	Estados inibitórios neuróticos	9 meses	Melhorou muito

Ano	Nome	Masculino	Feminino	Profissão	Idade	Diagnóstico	Duração do Tratamento	Resultado
22	J. V.	1		Pintor	33	Inibições neuróticas	2 meses	Interrompido
21	P. J.	1				Neurose de guerra, epilep.	6 meses	Inalterado
21	K. K.		1	Assistente social	22	Histeria	6 meses	Melhorou
21	E. K.		1	Assistente social	26	Depressões infantis	6 meses	Melhorou
22	A. S.	1		Arquiteto	21	Distúrbios da potência	4 meses	Inalterado, não concluído
22	E. K.		1	Sem profissão	24	Neurose obsessiva	4 meses	Melhorou
22	F. D.	1		Ferreiro	25	Inibições	2 meses	Interrompido
22	E. S.		1	Professora	33	Histeria de angústia	6 meses	Melhora substancial
22	B. M.		1	Profissão relativa artes	35	Neurose obsessiva	2 meses	Inalterado
20	R. G.		1	Sem profissão	30	Tique, estados de excitação	5 meses	Melhorou
20	E. S.	1		Estudante medicina	23	Tique nervoso	4 meses	Melhorou
20	H. N.		1	Sem profissão	48	Histeria de angústia	6 meses	Melhorou
21	K.K.		1	Professora	24	Histeria	5 meses	Melhorou
20	E.L.	1		Trabalhador	32	Potência diminuída	2 meses	Interrompido

Estatística da duração dos tratamentos

Tempo	Número
Menos de 3 meses	35
3 - 6 meses	49
6 - 9 meses	30
9 - 12 meses	13
12 - 18 meses	6
Mais de 18 meses	8

Se há Escola, por que Instituto?[1]

Luiz Fernando Carrijo da Cunha

O tema que me proponho a desenvolver, recortado pelo título como uma pergunta, pretende explorar além da clássica diferença entre Instituto e Escola caracterizada pelo "saber suposto", na Escola, e pelo "saber exposto", no Instituto. Tal diferença em si mesma não pode ser colocada em segundo plano, dado o seu fundamento, marcando dois domínios na ordem do saber. Mas o fato do saber ocupar o centro da diferença poderia nos levar, facilmente, a cometer o equívoco de tomar Instituto e Escola como dois lugares que se complementariam, como se o saber, por estrutura, permitisse essa complementariedade. Lacan não cessou de explorar o que é da ordem do saber, da ordem da verdade e, o mais fundamental, o lugar do real, que não se deixa sobrepor nem pelo saber nem pela verdade. O método seguido por ele consistiu, desde sempre, em colocar à prova as relações entre esses elementos: saber/verdade; saber/real; verdade/real, demonstrando não haver qualquer relação de complementariedade ou de sobreposição. Ou seja, de cada uma destas relações, extrai-se um resto.

No discurso do mestre, o significante mestre (S1) funciona no lugar do agente, onde o denominador está ocupado, como lugar da verdade, pelo sujeito barrado. O lugar do Outro está representado pelo saber (S2) restando o "objeto a", mais de gozar, ocupando o lugar da produção:

1. Este texto é um "extrato" de duas conferências realizadas pelo autor com o mesmo título. A primeira deu-se em Florianópolis, por ocasião da fundação do Instituto de Santa Catarina, em dezembro de 2018, e a segunda marcou o início do ano letivo de 2019 no Curso de Formação do CLIN-a, em São Paulo.

$$\frac{S1}{\$} \qquad \frac{S2}{a}$$

A estrutura desse discurso já nos permite fazer uma leitura na qual aparece, das relações possíveis entre os elementos e seus lugares, o "mais-de-gozar" sustentando o saber. Isso indica que, no discurso do mestre, o saber aparece como um índice do gozo. Ora, basta que acionemos o gozo na sua relação com o Sujeito barrado ($), ambos no denominador, para percebermos o valor da fantasia que sustenta a relação entre o significante mestre (S1) e o saber (S2), indicando que esses elementos, embora estruturados na ordem do sentido, não sustentam o real. Se assim fosse, o inconsciente, cujo funcionamento remete ao discurso do mestre, se reduziria ao saber e à verdade.

A percepção de Lacan a partir da exploração das relações saber/verdade/real leva-o a escrever o matema dos quatro discursos a partir de uma ordenação de lugares fixos – agente, verdade, Outro e produção –, fazendo os quatro elementos estruturais do discurso – a saber: S1, S2, "a" e $ – circularem por estes lugares em sentido horário, de modo a fazer surgir os discursos do mestre, da histeria, da universidade e o discurso analítico. Este último é o único a demonstrar que há um impossível nas relações, fundamentalmente o que sustenta o discurso em seu denominador, onde o saber (S2) ocupa o lugar da verdade através de um "salto" pela barreira do impossível. Daí a afirmação de Lacan de que a "verdade" tem estrutura de ficção, podendo ser apenas "meio-dita". Ora, a solução de Lacan ao escrever o discurso analítico é de dar, a um só golpe, um lugar ao real que aparece como impossível, e à verdade como não-toda dita, como corolário do impossível, sustentando o lugar do agente desinvestido, assim, de seu valor de gozo como semblante de "a". Lembremos ainda que cada discurso representa em sua escrita uma modalidade de laço social e tanto Instituto quanto Escola inscrevem-se como lugares no Outro social com a função de dar "existência" à psicanálise através do psicanalista que aí se coloca. Em outros termos, são lugares desde onde a psicanálise se insere no laço social para além dela mesma, mas não sem a prática do psicanalista. Desde onde pode-se enunciar a existência de um psicanalista? Esta é uma questão que deixarei por ora em aberto, para retomá-la mais adiante.

Antes, porém, sublinhemos que tanto a Escola quanto o Instituto cumprem a função daquilo que, de maneira ousada, podemos classificar como "ensino"! A "maneira ousada" refere-se à inerente possibilidade de um "ensino da psicanálise", na medida em que podemos recorrer a Lacan e tornarmos nossa a pergunta que ele se fez: "O que a psicanálise nos ensina, como ensiná-lo?".[2] A psicanálise nos ensina a partir de nossa própria empreitada sobre um divã. A experiência de "uma psicanálise" pode produzir um psicanalista – pode, mas não necessariamente. Ora, isso faz da experiência de cada um com sua própria análise o fundamento essencial de sua formação. Digamos, à guisa de esclarecimento, que a análise pessoal funciona como uma espécie de laboratório através do qual cada sujeito pode colocar à prova suas relações com o saber e com os efeitos de verdade que daí brotam. Ademais, cada um se defronta com o real de seu gozo para encontrar a solução, sempre singular, para a não-relação. Mas, "como ensiná-lo?", sobretudo porque o "psicanalista" que pode ser produzido por sua própria análise deixou para trás sua suposição de saber que a transferência engendrava? Perder a suposição de saber equivale à perda da crença no inconsciente como saber. Há outra modalidade do inconsciente além do saber? – Há. Lacan nos responde: Há o inconsciente real, aquele que não dispensa o corpo vivo e que Lacan nomeia *parlêtre*, cujo gozo não se atém à fantasia e sua vertente opaca conflui na noção de *sinthome*. Na perspectiva do inconsciente real, não há liquidação da transferência, posto que o intratável do sintoma se alinha com o real do gozo e não ao índice de saber. Se há alguma ordem do saber, ela só pode ser "inventada" como modo de fazer com a singularidade do sintoma. Não há universal que sustente o incurável de cada análise e, nessa perspectiva, Lacan, três anos depois

2. LACAN, J. A psicanálise e seu ensino. In: *Escritos*. Rio de Janeiro: Jorge Zahar, 1998, p. 438. (Trabalho original publicado em 1957).

de fundar sua Escola, a "Escola Freudiana de Paris", propõe o "psicanalista da Escola", fora do universal.[3] A *Proposição de 9 de outubro de 1967 sobre o psicanalista da Escola* traz, através de dispositivos próprios também criados por Lacan, duas modalidades de psicanalistas, ao que ele denominou *gradus*. O "AE", Analista da Escola, e o "AME", Analista Membro da Escola. O primeiro requerendo o dispositivo do "passe", no qual se coloca à prova a conclusão da análise e, a partir daí, a produção de um analista. O segundo, já tendo dado provas de seu funcionamento como psicanalista, requer uma Comissão da Garantia que o reconheça como tal. O AE é produto de uma demanda feita à Escola, a demanda de passe, enquanto o AME é reconhecido sem ter feito uma demanda para isso. O AE tenta transmitir, através de seu trabalho durante três anos com seus testemunhos, o modo como constituiu seu sintoma sob transferência e, sobretudo, a solução encontrada sobre a opacidade de seu gozo, permitindo-lhe uma inscrição no Outro fora do universal. Isso dá ao AE a tarefa de testemunhar sobre os pontos "cruciais da psicanálise" através de sua própria experiência. Ao AME cabe, em seu trabalho de Escola, tanto sustentar um ensino dentro da Escola, quanto ser capaz de representar o discurso analítico no Outro social. É o que J.-A. Miller postulou: o AME como tendo "asas analíticas e patas sociais".[4] Em síntese, o AME pode se servir dos discursos, do analítico e dos outros porque está advertido do valor de semblante que os reveste. É suposto, portanto, que o AME esteja em condições de detectar e interpretar os sintomas produzidos na civilização e deles dar seu testemunho na Escola. Porém, ambos, AE e AME operam a partir de suas enunciações, próprias do lugar em que ocupam na psicanálise. O lugar de "enunciação" é intransferível, ainda que produzam transferências. Logo, a Escola é um lugar onde se condensa o "mais de gozar", na medida em que cada um que nela ingressa, o faz de seu lugar de enunciação, quer dizer, não dispensando seu sintoma. Isso vale para toda a

3. LACAN, J. Proposição de 9 de outubro de 1967 sobre o psicanalista da Escola. In: *Escritos*. Rio de Janeiro: Jorge Zahar, 2003. (Trabalho original publicado em 1967).
4. MILLER, J-A. Questão de Escola: Proposta sobre a garantia. *Opção Lacaniana online*, n. 23, 2017.

comunidade pois, cada um que nela inscreve seu desejo de pertencimento, trabalha desde um lugar que lhe é próprio. Digamos que a Escola de Lacan é um "coletivo de solidões" cuja perspectiva é manter viva a psicanálise. O saber, que nela se deposita desde o produto de cada um, é coletivizável, mas não coletivo, e surge como efeito da transferência à causa freudiana. Ou seja, cada analista que se inscreve no seio da Escola, faz da causa seu sintoma em diferentes singularidades. A Escola de Lacan não opera a partir dos traços identificatórios; isso tanto no trabalho interno à Escola, quanto naquele que implica o Outro social e a política que o ordena. Se "o inconsciente é a política" como enunciou Lacan,[5] ele o é na medida em que o laço social está determinado pelo sintoma que, paradoxalmente, também é a razão de seu mal-estar. Ao psicanalista da Escola de Lacan interessa o mal-estar da época, posto que ali se inscreve um sujeito.

Contudo, voltemos às relações do saber com a verdade e com o real, e ao que "da psicanálise se ensina". Com isso, introduzimos a vertente do Instituto na tentativa de cernir qual o seu lugar, tanto no ensino da psicanálise quanto no Outro social, e as diferenças estabelecidas em relação à Escola. Já dissemos acima que um não complementa o outro e nos valeremos aqui de um outro texto de Lacan, *Alocução sobre o ensino*,[6] e do comentário feito por J.-A. Miller em *O triângulo dos saberes*[7]. Miller sublinha a antinomia entre saber e ensino, na medida em que Lacan se pergunta se é possível ensinar a partir do saber. Cito Miller:

> Ele [Lacan] desmente a fórmula segundo a qual o ensino é a transmissão de um saber... e como não debochar dessa fórmula a partir do momento em que o inconsciente é qualificado como um saber? Tratar o inconsciente como um saber é necessariamente separar ensino e saber.[8]

5. LACAN, J. *A lógica da fantasia, aula 18*. 1966-1967. Seminário inédito.
6. LACAN, J. Alocução sobre o ensino. In: *Outros Escritos*. Rio de Janeiro: Jorge Zahar, 2003. (Trabalho original publicado em 1970).
7. MILLER, J.-A. O triângulo dos saberes. *Opção Lacaniana online*, n. 24, 2017.
8. Idem, ibidem, p. 2.

E prossegue, citando Lacan: "Nosso discurso não se sustentaria se o saber exigisse a intervenção do ensino (...). O inconsciente, se é um saber, não é um saber que se ensine."[9]

Sublinhamos acima, na referência ao discurso do mestre, o lugar do mais de gozar que sustenta o saber. Pois bem, segundo Miller, o ensino, de acordo com a referência de Lacan, é não só antinômico ao saber, mas é a base de seu recalcamento. O que Miller denomina "operação pedagógica"[10] é precisamente que o ensino recalca o saber:

ensino/saber

Mas também o saber recalca o gozo, tal como explicitado no segundo termo do discurso do mestre:

S2/a

Miller então localiza o "ensino" a barra do recalque entre S2 e "a" (saber e gozo), ou seja, a operação pedagógica que supõe o ensino, "(...) separa saber e gozo. A estupidez educativa é tentar a todo custo separar o saber e o gozo, barrar o gozo para que o saber triunfe. Há na pedagogia um ódio ao mais-de-gozar do sujeito".[11]

Por mais que sejamos pedagógicos, não logramos transmitir o saber, ao contrário, a fórmula de Lacan indica que quanto mais se investe na pedagogia, mais se recalca o gozo e, portanto, mais se reforça a vertente do "não quero saber de nada disso", segundo a expressão de Freud.

Portanto, mantém-se a pergunta "O que a psicanálise ensina, como ensiná-lo?". Fora da operação pedagógica, mas valendo-se do saber, e desdobrando-o em três categorias assim assinaladas por J.-A. Miller, tem-se:

9. Idem, ibidem, p. 2.
10. Idem, ibidem, p. 3.
11. Idem, ibidem, p. 3.

1. Saber-semblante
2. Saber-verdade
3. Saber-ciência

Esse desdobramento não é outra coisa senão a tentativa de demonstrar a incompletude do saber. Relacionando-o aos pares, encontraremos a demonstração de um furo – ou seja, falta o "saber real" que, se houvesse, completaria as relações.

De todo modo, o "furo" que advém no saber abre a via ao mais-de-gozar, incluindo o sujeito. Logo, o desdobramento do saber dá lugar à enunciação que já sublinhamos acima.

Digamos então que, na vertente do Instituto, mais do que a exposição de um saber através da transmissão conceitual, aquele que ensina, embora não o faça a seu próprio risco, o faz desde sua posição de sujeito. Em outros termos, aquele que ensina jamais deixa de colocar do seu em suas exposições. Ele aí não faz outra coisa que servir-se dessas modalidades do saber, advertido que, na relação entre eles, há o lugar do "furo".

Miller situa o Saber-semblante como aquele do discurso universitário onde o saber (S2) ocupa o lugar do agente sustentado pelo significante-mestre. Eis aí o lugar do qual aquele que ensina no Instituto se serve, mas não sem fazer girar os discursos com o risco de acreditar demais nisso. Logo, tanto na Escola quanto no Instituto, podemos nos deparar com esse impossível de ensinar que a estrutura da linguagem e do inconsciente demonstra. Se no Instituto podemos ocupar o lugar do semblante do saber, em contrapartida, na Escola operamos desde um outro lugar, fazendo evidenciar o "furo" como estrutural.

"...uma vez que ensino há."

Maria Cecília Galletti Ferretti

O título deste texto refere-se a uma passagem de uma conferência de Lacan intitulada *Lugar, origem e fim do meu ensino.*[1] Lacan pronunciou três conferências sobre o ensino agrupadas sob o significante "ensino". Ele que se declarava um ensinante (*enseignant*), não se referia à sua obra ou à sua teoria. O ensinante tem alunos, o autor tem leitores. Escreveu, como sabemos, textos reunidos nos *Escritos* e nos *Outros Escritos* e ensinava que a psicanálise nasce da práxis analítica e, para isto, para falar sobre a prática, referia-se aos muitos saberes da história do pensamento: à lógica, à filosofia, à linguística, à topologia, à matemática, à antropologia etc... Não se referia apenas ao pensamento de seus dias, mas também ao passado, seja à filosofia grega ou medieval, seja à literatura de variadas épocas.

Nas conferências acima referidas retoma as questões sobre a linguagem e, como nos avisa Jacques-Alain Miller, no preâmbulo da publicação destas conferências, "estamos em 1967, depois em 1968, antes do mês de maio". A localização temporal é plena de importância, inclusive se pensarmos que antes, em 1964, no *Seminário 11, Os quatro conceitos fundamentais da psicanálise,* já havia avançado para um além da fala. Mas, lemos ainda: "com efeito, meu ensino é muito simplesmente a linguagem, nada além disso".[2] Vemos ainda um Lacan às voltas com a linguagem. Freud, afinal, "em que gasta seu tempo? Com que está

1.LACAN, J. In: *Meu ensino*. Rio de Janeiro: Jorge Zahar, 2006.
2. Idem, ibidem, p. 34.

lidando? Seja texto do sonho, texto de chiste ou forma de lapso, está manipulando articulações de linguagem, de discurso".[3]

A questão do ensino em Lacan, e mais especificamente o ensino da psicanálise, tem presença constante em seus seminários, escritos, conferências e pronunciamentos, e segue ao lado de questões epistemológicas através das quais convida seus leitores à reflexão. Lacan faz constantemente perguntas sobre a cientificidade da psicanálise dando a esta questão um lugar garantido no arcabouço teórico psicanalítico. Ao perguntar se a psicanálise é uma ciência, considera que "uma falsa ciência, assim como uma verdadeira, pode ser posta em fórmulas. A questão, portanto, não é simples, uma vez que a psicanálise, como suposta ciência, aparece com características que podemos dizer problemáticas".[4] Se esta afirmação foi feita em 1964, dirá anos mais tarde, no Seminário 20, que o matema transmite integralmente, mas porque os matemas somente são transmitidos com o auxílio da linguagem, surgem as complicações.[5]

Cabe agora nos perguntarmos sobre o ensino na Escola e o ensino no Instituto. Saliento, desta discussão que pode ser bem mais ampliada, um primeiro ponto: o Instituto é uma instituição para-universitária e a Escola uma instituição analítica. Este primeiro aspecto salientado por Jacques-Alain Miller, em *Tese sobre o Instituto no Campo Freudiano,* se junta a um outro das 12 teses aí enunciadas: "O Instituto conserva sempre alguma coisa de atópico. Quanto mais a Escola se particulariza, esboça os contornos de cada cidade, região, país, tanto mais o Instituto, em todos os lugares, tenta ser o mesmo, tal o matema".

Há questões trazidas por Lacan em 1964 que esta última tese aqui referida elucida. Pergunta Lacan: "A que dizem respeito as fórmulas na psicanálise? O que é que motiva e modula esse deslizamento do objeto? Existem conceitos analíticos de uma vez por todas formados? A manutenção quase religiosa dos termos dados por Freud para estruturar a

3. Idem, ibidem, p. 92.
4. LACAN, J. *Seminário, livro 11*: Os quatro conceitos fundamentais da psicanálise. Rio de Janeiro: Jorge Zahar, 1979, p. 17.
5. LACAN, J. *Seminário, livro 20*: Mais ainda. Rio de Janeiro: Jorge Zahar, 1982, p. 150.

experiência analítica, a que se remete ela? Tratar-se-á de um fato muito surpreendente na história das ciências – o de que Freud seria o primeiro, e permaneceria o único, nessa suposta ciência, a ter introduzido conceitos fundamentais? Sem esse tronco, sem esse mastro, esse piloti, onde amarrar nossa prática? Poderemos dizer mesmo que se tratam, propriamente falando, de conceitos? Serão conceitos em formação? Serão conceitos em evolução, em movimento, a serem revistos?".[6] Como ensinamos hoje nos Institutos? Os conceitos estão em movimento, devem ser revistos?

A atualidade destas indagações evidencia-se.

Sabemos que o ensino de Lacan se modificou ao longo do tempo. Há um "primeiro Lacan", um "segundo Lacan" e até mesmo um "ultimíssimo Lacan" (termo forjado por Jacques-Alain Miller); há também os sintomas contemporâneos, os textos dos analistas lacanianos e o ensino do passe, dos AE. Estes últimos, por serem específicos da Escola, não deixam, entretanto, de fazer presença, de fazer eco nos Institutos.

Instigados que somos pelo ensino lacaniano e a prática analítica, cabe aos Institutos, ao mesmo tempo em que mantém o mesmo do matema, fazer acompanhar esta permanência através do movimento inscrito no que conhecemos como "turbilhão".

O ensino da clínica psicanalítica nos Institutos

Há nos Institutos um ensino que se dirige especificamente à clínica. No Clin-a, na Seção Clínica, os participantes fazem seus atendimentos, há discussões de textos clínicos, supervisão dos atendimentos feitos e reuniões sobre o andamento das atividades, com a presença de dois coordenadores. Os temas – diretamente ligados à clínica – são vários e específicos: transferência, demanda e desejo, entrada em análise, interpretação, momentos do tratamento analítico, etc. No dizer de Jacques-Alain Miller: "...trata-se da fazer chegar as Luzes até os mais obscuros

6. LACAN, J. *Seminário, livro 11*: Os quatro conceitos fundamentais da psicanálise. Rio de Janeiro: Jorge Zahar, 1979, p. 17-18.

recessos da prática do psicanalista. Os matemas não são obscuros recessos da prática do psicanalista. Os matemas não são abstração: não são extraídos da experiência, não a descrevem, eles a estruturam, e é por aí que ela é transmissível. Ela não é toda, claro, fora da prática. Mas declará-la inefável é torná-la impensável".[7] Cabe também dizer que anos atrás, quando a Escola criou os CPCT, o Clin-a, participando deste movimento, criou um *modus operandi* bastante profícuo visando a seguir os parâmetros buscados na ocasião. Como sabemos, esta experiência mostrando seus impasses em alguns países, deixou de ser mais generalizada para prosseguir em determinados locais, já com outra estrutura.

A comunidade analítica do Instituto está também interessada nas conexões da psicanálise, seja com a literatura, filosofia, psiquiatria, etc., por isso seus núcleos e seminários de leitura. Há um ensino que se destaca: aquele da apresentação de pacientes.

Desde a entrevista, realizada por um analista com um paciente de hospital até o comentário feito por um ou vários docentes, o que se apresenta é o real da clínica. "Espera-se da entrevista que traga ao paciente a possibilidade de dar conta do que foi sua experiência subjetiva. De que maneira se produziu em sua vida esse giro radical no qual seu mundo mudou abruptamente. Como respondeu a esse momento inefável. Em que estado de elaboração se encontra atualmente. Trata-se de um único encontro. A posição do entrevistador está longe de ser a de um mestre. Não está ali para ensinar a dirigir entrevistas e seu lugar não é daquele que sabe e funda sua autoridade nesse saber. Sua posição está dada por um interesse por saber".[8]

Deve-se dizer que a atividade de apresentação de pacientes surgiu com a psiquiatria clássica e hoje, no marco da Seção Clínica do Instituto, segue com a prática exercida por Lacan que a manteve vigente.

7. MILLER, J.A. Prefácio. In: *Clínica lacaniana – Casos clínicos do Campo Freudiano.* Irma. Jorge Zahar, 1989, p. 7.
8. MILLAS, D.; ZLOTNIK, M. La enseñanza en la presentacion de enfermos. *El caldero de la Escuela. Publicacion Mensual de la Escuela de la Orientacion Lacaniana,* n. 34, ago. 1995, p. 8.

O "não retroceder frente à psicose" – estrutura mais presente nos hospitais mas que pode trazer surpresas diagnósticas – ganha hoje novos contornos com a clínica do delírio generalizado, ensinando sobre as singularidades das manifestações sintomáticas e sobre o traumático da inserção na linguagem.

Assim, o ensino de Lacan fez gerar Instituto e Escola, vertentes com distintas funções e que apresentam diferenças e pontos de confluência. "Porque os lugares mudam, há convidados de um lado e de outro e os temas são tratados em determinados lugares? É por acaso, por cortesia ou por política? Certamente, não. Trata-se de modos de atenuar, de temperar, os efeitos de divisão da estrutura diferente que têm tanto a Escola, como o Instituto. Lacan o expressou claramente em *Televisão:* um discurso seja analítico, universitário ou histérico não pode sustentar-se por si mesmo ou por si só. O fundamento que o conceito de discurso nos deixou é a partir do laço social, na medida em que não há discurso que se mantenha de maneira solitária. A comunidade analítica tem, então, a responsabilidade de fazer funcionar o corpo social da psicanálise".[9]

9. BLEGER, D. *La enseñanza en la sección clínica. El caldero de la Escuela. Publicacion Mensual de la Escuela de la Orientacion Lacaniana*, n. 34, ago. 1995, p. 6-7.

A transmissão da psicanálise:
notas sobre a interface entre a Clínica e o Ensino no Instituto

Maria do Carmo Dias Batista

Uma Escola de psicanálise é o lugar precípuo da formação do analista, da psicanálise em intensão ou da psicanálise propriamente dita, como afirma Lacan no *Ato de fundação*[1] ao estabelecer a Seção de Psicanálise Pura. O Instituto do Campo Freudiano, criado a partir da Escola, é o lugar da extensão da psicanálise, ou seja, de sua aplicação em cursos, em núcleos de pesquisas, na prática clínica, em seminários, no trabalho com outras instituições, prioritariamente hospitais, por meio da apresentação de pacientes e supervisões.

O Instituto como local da extensão em psicanálise é comprovável, em particular, na Cínica Lacaniana de Investigações sobre a Ansiedade (CLIN-a), fundada a partir da Seção de Recenseamento do Campo Freudiano, quando da divisão do Instituto de Pesquisas em Psicanálise de São Paulo (IPP-SP), em 2003. Essa divisão em três institutos foi baseada nas três Seções da Escola.

Entretanto, as dimensões da intensão e da extensão articulam-se principalmente na própria Escola, como se pode deduzir da criação por Lacan, no *Ato de fundação*, das Seções de Psicanálise Pura (intensão), de Psicanálise Aplicada (extensão) e de Recenseamento do Campo Freudiano (extensão), conjunto no qual pode se verificar a acepção

1. LACAN, J. Ato de fundação. In: *Outros Escritos*. Rio de Janeiro: Jorge Zahar, 2003, p. 235. (Trabalho original publicado em 1964).

topológica intensão/extensão: "(...) é no próprio horizonte da psicanálise em extensão que se ata o círculo interior que traçamos como hiância da psicanálise em intensão".[2] Esta acepção, apresentada por Lacan na *Proposição de outubro de 1967*, três anos depois do *Ato de fundação*, diz respeito, principalmente, ao dispositivo do passe e à definição do psicanalista a partir dele.[3]

> Intensão é uma definição formal, calcada em propriedades essenciais; extensão é uma definição material, que designa objetos, que dá exemplos. Nos dois casos obtemos um conjunto. Mas no primeiro caso, obtemos um conjunto a partir da obediência a propriedades formais, no segundo caso, a partir de exemplos.[4]

No CLIN-a, o exercício da Clínica dá-se no Seminário Clínico, com seus pequenos grupos de praticantes e participantes, suas reuniões gerais de discussão de casos e as supervisões. A primeira entrevista, realizada pelos coordenadores dos pequenos grupos, decide o encaminhamento e a direção do caso a ser atendido pelos praticantes. Há também a apresentação de pacientes. O Ensino ocorre por meio de três ciclos. O Ciclo I, ciclo fundamental, discute "os quatro conceitos fundamentais da psicanálise": inconsciente, repetição, transferência e pulsão, em Freud e em Lacan. O Ciclo II, de clínica psicanalítica, discute a clínica das neuroses, a clínica das psicoses e os sintomas contemporâneos. O Ciclo III, de prática lacaniana, trabalha entradas em análise, interpretação, ato analítico e finais de análise. Além dos Ciclos, o ensino se complementa com as atividades anuais: a Jornada de Ensino e Pesquisa (apresentação de trabalhos dos alunos) e o Seminário Avançado, ambos com convidados de fora de São Paulo.

As notas a seguir assinalam alguns pontos vitais para se pensar e/ou trabalhar e/ou praticar a interface entre a Clínica e o Ensino no Instituto.

Vitais para seu funcionamento, o do próprio Instituto.

2. Idem, ibidem, p. 261.
3. IANNINI, G. Da gramática à lógica: *roundtrip* Aristóteles-Frege. *Correio – Revista da Escola Brasileira de Psicanálise,* n. 81, 2017, p. 121.
4. Idem, ibidem, p. 117.

Nota 1 – A ética da psicanálise

Lacan, no *Ato de fundação*, como mencionado antes, divide em três seções a Escola Freudiana de Paris:

- A Seção de Psicanálise Pura[5] – práxis e doutrina da psicanálise propriamente dita;
- A Seção de Psicanálise Aplicada[6] – a terapêutica e a clínica médica;
- A Seção de Recenseamento do Campo Freudiano[7] – com três subseções, o comentário contínuo do movimento psicanalítico, a articulação com ciências afins e a ética da psicanálise, a práxis de sua teoria.[8]

Na vinculação da ética da psicanálise à práxis, cabe considerar a diferença entre práxis e prática. A prática poderia ser definida como conduta, ação ou atividade, em oposição à teoria. No caso da práxis, não há oposição à teoria, ao contrário, a práxis é o próprio fundamento da teoria, como especifica Aristóteles. Tomando a práxis como ação e transformação – assim está em Marx –, a teoria deve estar incluída na práxis.

Lacan, ao formular a ética da psicanálise como a práxis de sua teoria, fala do próprio núcleo ético da psicanálise. A práxis, ação e transformação, a clínica em ato, determina a ética da psicanálise. Por isso, Miller pôde afirmar, em 1990, "Não há clínica sem ética",[9] ética do sintoma, do desejo, do bem-dizer, da interpretação, da escolha, da redução do gozo, da aposta no objeto, do passe. "Para mim, o analista não recebe casos clínicos; somos nós que os transformamos, por nossa elaboração

5. LACAN, 1964/2003, p. 236.
6. Idem, ibidem, p. 237.
7. Idem, ibidem, p. 237.
8. Idem, ibidem, p. 238.
9. MILLER, J-A. No hay clínica sin ética. In: *Matemas I*. Buenos Aires, Manancial, 1991, p. 122.

de saber, em casos clínicos; se o psicanalista recebe casos, são somente casos éticos."[10]

"A questão ética (...) se articula por meio de uma orientação do homem em relação ao real. (...) Iremos no sentido de um aprofundamento da noção de real"[11], diz Lacan no *Seminário 7, A ética da psicanálise.*[12] A tríade práxis, teoria e real demonstra aos psicanalistas como trilhar a via da ética da psicanálise.

Nota 2 – A formação do analista

Lacan afirma ser a formação do analista na Escola um objetivo indissociável do trabalho de reconquista do Campo Freudiano.[13] A transmissão da psicanálise na Escola dá-se a partir da posição de analisante de quem transmite, a partir, portanto, de um saber suposto. O famoso tripé: análise pessoal, supervisão e estudo da teoria, tem papel fundamental na formação, porém sem exigências, pois, "Antes de mais nada um princípio: o analista só se autoriza de si mesmo".[14]

Aqui é fundamental acrescentar que o analista autoriza-se de si mesmo e das *três facticidades* da psicanálise em extensão, introduzidas por Lacan na *Proposição*: a simbólica, a imaginária e a real. Facticidade é a qualidade do factual, do relacionado aos fatos, à existência, com suas injunções e necessidades. É também contingência. A primeira, a facticidade simbólica, relaciona-se ao mito edipiano: "(...) retire-se o Édipo e a psicanálise em extensão, diria eu, torna-se inteiramente da alçada

10. Idem, ibidem, p. 129.
11. LACAN, J. *O Seminário, livro 7*: A ética da psicanálise. Rio de Janeiro: Jorge Zahar, 1988, p. 31. (Trabalho original publicado em 1986).
12. MILLER, J-A., Del *Síntoma al fantasma. Y retorno. Los cursos psicoanalíticos de Jacques-Alain Miller* (1982-1983). (Texto estabelecido por Silvia Elena Tendlarz). Buenos Aires, Paidós, 2018, pp. 146-147. Aqui Miller afirma que o *Seminário 7* é a marca inicial da mudança no conceito de real. Na série dos Seminários, é onde se inicia o "outro Lacan".
13. LACAN, 1964/2003, p. 235.
14. LACAN, J. Proposição de 9 de outubro de 1967 sobre o psicanalista da Escola. In: *Outros escritos*. Rio de Janeiro: Jorge Zahar, 2003, p. 248. (Trabalho original publicado em 1967).

do delírio do presidente Schreber".[15] A segunda, a facticidade imaginária, relaciona-se às sociedades de psicanálise, comparadas à Igreja e ao Exército como modelos da estrutura de grupo. Na terceira, a facticidade real, Lacan localiza os campos de concentração, a segregação e o racismo: "Nosso futuro de mercados comuns encontrará seu equilíbrio numa ampliação cada vez mais dura dos processos de segregação."[16]

Assim, o princípio "o analista só se autoriza de si mesmo", somado às facticidades, torna-se um princípio estendido. Estendido aos fatos que ocorrem ao redor do analista, ao mundo, à existência e às contingências. Como autorizar-se analista sem os fatos, sem perscrutar o panorama de sua época?

Fornecer os meios para a formação analítica, destacando a práxis e a possibilidade de experimentar a clínica, inclusive assegurando a supervisão, além do ensino da teoria, é papel ora desempenhado pelo Instituto do Campo Freudiano, com sua transmissão calcada no saber exposto.

Ainda no *Ato de fundação*, Lacan assinala e reitera a responsabilidade do analisante em sua formação:

> Os problemas urgentes a serem formulados sobre todas as questões da didática encontrarão aqui meios de ter seu caminho aberto por um confronto contínuo entre pessoas que tenham a experiência da didática e candidatos em formação. Sua razão de ser fundamenta-se naquilo que não há porque ocultar: na necessidade que resulta das exigências profissionais, toda vez que levam o analisante em formação a assumir uma responsabilidade, por menos analítica que seja.[17]

Nota 3 – Sem standard, mas não sem princípios

A práxis lacaniana baseia-se em princípios, não em *standards*. Afirma Lacan: "Serão propostos para o estudo assim instaurado os aspectos pelos quais *eu mesmo rompo com os standards afirmados na prática*

15. Idem, ibidem, p. 261-262.
16. Idem, ibidem.
17. LACAN, 1964/2003, p. 236.

didática, assim como os efeitos imputados a meu ensino sobre o curso de minhas análises (...)".[18]

Embora haja uma relação conceitual entre *standards* e princípios[19], os *standards* da análise didática da IPA, com os quais Lacan rompe, baseiam-se na "(...) reprodução e repetição dos mesmos padrões, sem invenção"[20]. Era proibido mudar qualquer coisa. Porém, a IPA foi deixada por Freud exatamente com essas características. Ele a transmitiu tendo o padrão como manifestação de seu desejo: mantidos o *setting*, o tempo rígido das sessões, a posição do analista como "homem morto", o analisante (ou o candidato a analista) poderia ter melhores condições para a revelação do inconsciente ou o retorno do recalcado. Os pós-freudianos pouco alteraram esses aspectos. Coube a Lacan, na Escola Freudiana de Paris, abolir os *standards*.

Lacan, ao romper, havia já formulado alguns de seus princípios originais: a autorização do analista (ver nota anterior), a transferência ligada à suposição de saber, o tempo variável das sessões, a valorização do um-a-um, "(...) a singularidade, o caráter único e irrepetível de um objeto ou de um ato",[21] o ato analítico. A passagem de psicanalisante a psicanalista é o *ato analítico* por excelência.

"Essa sombra espessa que encobre a junção de que me ocupo aqui, aquela em que o psicanalisante passa a psicanalista, é ela que nossa Escola pode empenhar-se a dissipar".[22] É o passe que dissipa a sombra.

Nota 4 – Os princípios do ato analítico

No Congresso da AMP de Comandatuba, em 2004, Graciela Brodsky, como Delegada Geral da AMP, apresentou sua "Declaração de Princípios"

18. Idem, ibidem, p. 237. Grifo nosso.
19. "Um princípio, levado à prática, tende ao standard. O único princípio que não pode ser estandardizado é aquele, como costumamos dizer em nosso jargão, que aponta para o real, já que o standard é um dispositivo de evitação do real."
BARROS, R. R. Sem standard, mas não sem princípio. *VIII Congresso da AMP. Papers do Comitê de Ação da Escola Una*, n. 5, maio 2003, p. 3.
20. Idem, ibidem, p. 2.
21. Idem, ibidem.
22. LACAN, 1967/2003, p. 258.

sobre o ato analítico.[23] Dois anos depois, no Congresso da AMP de Roma, Éric Laurent, novo Delegado Geral, apresentou, na assembleia dos membros da AMP, os "Princípios Diretores do Ato Analítico"[24], considerando-os uma sequência do trabalho de Graciela Brodsky, e propondo sua adoção na AMP. Esses princípios, como está em seu título, dirigem, orientam o ato analítico.

Primeiro princípio: A psicanálise é uma prática da fala.[25]

"Na mesma sessão analítica estão presentes dois parceiros, o analista e o analisante. Também com os meios fornecidos pelas novas tecnologias, como Skype e WhatsApp, facilitadores de sessões a longa distância, a estrutura se mantém. O analisante fala de seus sintomas e de seu sofrimento e, dessa forma, apresenta a materialidade do ICS: coisas que lhe foram ditas e lhe fizeram mal e coisas impossíveis de dizer causadoras de sofrimento. O analista pontua os dizeres do analisante e, com isso, este último compõe o tecido de seu ICS. O poder do ICS é a somatória dos efeitos de verdade permitidos pela interpretação e do poder da linguagem. A interpretação se manifesta tanto do lado do analisante quanto do lado do analista. Porém, a relação com o ICS de um e de outro é diferente, pois um já efetuou a experiência analítica, e o outro não."

Segundo princípio: A sessão psicanalítica é um lugar onde se podem afrouxar as identificações mais estáveis às quais o sujeito está fixado.[26]

"O psicanalista autoriza uma distância dos hábitos, das normas, das regras às quais o analisante se obriga fora da sessão. Autoriza também um questionamento radical dos fundamentos da identidade de cada analisante.

23. BRODSKY, G. *Short Story – os princípios do ato analítico*. Rio de Janeiro: Contra Capa, 2004.
24. LAURENT, É. *A sociedade do sintoma*. Rio de Janeiro: Contra Capa, 2007, p. 215.
25. Idem, ibidem.
26. Idem, ibidem, p. 216.

Leva em conta apenas a particularidade clínica do sujeito para temperar tal radicalidade. Isso define a particularidade do lugar do psicanalista que sustenta o questionamento, a abertura, o enigma do sujeito que vem ao seu encontro. Ele, portanto, não se identifica com nenhum dos papéis propostos por seu interlocutor, nem com qualquer mestria ou ideal existente na civilização. Em certo sentido, o analista é aquele a quem só se pode atribuir o lugar da questão sobre o desejo." *Che vuoi?*

Terceiro princípio: O analisante se endereça ao analista.[27]

"O analisante atribui ao psicanalista sentimentos, crenças, expectativas, reagindo ao que lhe é dito, e procura agir sobre as crenças e expectativas antecipadas pelo analista. A decifração do sentido nas trocas entre eles não é a única coisa em jogo. Há a visada daquele que diz (o analisante). Trata-se de recuperar algo perdido junto a esse interlocutor (o analista). Essa recuperação de objeto dá a chave do mito freudiano da pulsão e fundamenta a transferência que enlaça os dois parceiros. A fórmula de Lacan segundo a qual o sujeito recebe do Outro sua própria mensagem de forma invertida, inclui a decifração e a vontade de agir sobre aquele a quem nos endereçamos. Em última instância, quando o analisante fala, quer alcançar no Outro, para além do sentido do que diz, o parceiro de suas expectativas, crenças e desejos. Ele visa ao parceiro de sua fantasia. O psicanalista, esclarecido pela experiência sobre a natureza de sua própria fantasia, leva isso em conta e se abstém de agir em nome dessa fantasia."

Quarto princípio: O laço da transferência supõe um lugar, o "lugar do Outro", como diz Lacan, que não é regulado por nenhum outro específico.[28]

"Trata-se do lugar no qual o ICS pode se manifestar na máxima liberdade de dizer e, assim, experimentar seus logros e dificuldades.

27. Idem, ibidem, p. 216.
28. Idem, ibidem, p. 217.

É também o lugar onde as figuras do parceiro da fantasia podem se desdobrar nos mais complexos jogos de espelhos. Por essa razão, a sessão psicanalítica não suporta o terceiro e seu olhar exterior ao processo em jogo. Esse princípio exclui, portanto, a intervenção de terceiros autorizados que querem atribuir um lugar para cada um, bem como um objetivo previamente estabelecido para o tratamento analítico. O terceiro avaliador se inscreve na série dos terceiros, cuja autoridade o coloca desde um ponto exterior ao que está em jogo entre o analista, o analisante e o ICS."

Quinto princípio: Não há tratamento standard, nem protocolo geral que venha a reger a sessão e o tratamento psicanalíticos.[29]

"Freud utilizou a metáfora do xadrez para indicar que só havia regras ou tipos para o início e o fim da partida. Certamente, depois de Freud, os algoritmos que formalizam o xadrez aumentaram sua potência. Ligados à potência de cálculo do computador, permitem que a máquina vença o jogador humano. Isso não muda o fato de a psicanálise, contrariamente ao saber, não poder apresentar-se sob uma forma algorítmica. Nós o constatamos pelo próprio Freud, que transmitiu a psicanálise com a ajuda de casos particulares: o Homem dos Ratos, Dora, o pequeno Hans, etc. Com o Homem dos Lobos, o relato do tratamento entrou em crise. Freud não conseguiu manter na unidade de um relato a complexidade dos processos em jogo. A experiência da psicanálise, longe da possibilidade de ser reduzida a um protocolo técnico, tem uma única regularidade: a originalidade do cenário por meio do qual a singularidade subjetiva se manifesta. A psicanálise, portanto, não é uma técnica, mas sim um discurso que encoraja cada um a produzir sua singularidade, sua exceção."

29. Idem, ibidem, p. 217.

Sexto princípio: A duração do tratamento e o desenrolar das sessões não podem ser estandardizados.[30]

"Os tratamentos de Freud tiveram durações muito variáveis. Houve momentos de uma sessão, como o de Gustav Mahler. Houve também tratamentos de quatro meses, como o do pequeno Hans; de um ano, como o Homem dos Ratos; e de muitos anos, como o Homem dos Lobos. Desde então, o intervalo e a diversificação não cessaram de aumentar. Além disso, a aplicação da psicanálise, para além do consultório, em dispositivos de atenção e cuidados, contribuiu para a variedade da duração do tratamento psicanalítico. A variedade dos casos clínicos e dos momentos de vida em que a psicanálise foi aplicada permite considerar que, hoje, a melhor definição para a duração do tratamento é "sob medida". Um tratamento é levado adiante até que o analisante esteja suficientemente satisfeito com o que fez da experiência para deixar o analista. Visa-se não à aplicação de uma norma, mas sim a um ajuste do sujeito consigo mesmo."

Sétimo princípio: A psicanálise não pode determinar sua visada e seu fim nos termos da adaptação da singularidade do sujeito a normas, regras e determinações estandardizadas da realidade.[31]

"A descoberta da psicanálise é, em primeiro lugar, a da impotência do sujeito em alcançar a plena satisfação sexual. Essa impotência é indicada pelo termo castração. Ademais, a psicanálise, com Lacan, formulou a impossibilidade de haver uma norma da relação entre os sexos. Se não há satisfação plena e se não há norma, resta a cada um inventar uma solução particular que se apoie em seu sintoma. A solução de cada um pode ser mais ou menos típica, mais ou menos apoiada na tradição e nas regras comuns. Ela pode, contrariamente, querer decorrer da ruptura

30. Idem, ibidem, p. 218.
31. Idem, ibidem, p. 218.

ou de certa clandestinidade. De todo modo, no fundo, a relação entre os sexos não tem uma solução que sirva 'para todos'. Nesse sentido, permanece marcada pelo selo do incurável; nela, sempre haverá algo que falha. Para o ser falante, o sexo decorre do 'não-todo'".

Oitavo princípio: A formação do psicanalista não pode ser reduzida às normas de formação da universidade ou a avaliações do que foi adquirido na prática.[32]

"A formação analítica, desde o momento em que foi estabelecida como discurso, assenta-se em um tripé: seminários de formação teórica; o prosseguimento, pelo candidato a psicanalista, de uma psicanálise até seu ponto último (de onde provêm os efeitos de formação); e a transmissão da prática em supervisões (conversação entre pares sobre a prática). Freud acreditou, durante algum tempo, que seria possível determinar uma identidade do psicanalista. O próprio sucesso da psicanálise, sua internacionalização, as múltiplas gerações que há um século se sucedem, mostraram que a definição da identidade do psicanalista era uma ilusão. A definição do psicanalista inclui a variação dessa identidade. Ela é essa própria variação. A definição do psicanalista não é um ideal, pois inclui a história da própria psicanálise e do que foi chamado psicanalista em contextos de diferentes discursos. A nomeação do psicanalista inclui componentes contraditórios. É preciso uma formação acadêmica, universitária ou equivalente, decorrente da colação de grau. É preciso uma experiência clínica transmitida em sua particularidade, sob a supervisão dos pares. É preciso a experiência radicalmente singular do tratamento. Os níveis do geral, do particular e do singular são heterogêneos. A história do movimento psicanalítico é a da discórdia e das interpretações dessa heterogeneidade. Ela também faz parte da grande Conversação da psicanálise que permite dizer quem é psicanalista. Esse dizer se realiza por meio de procedimentos nas comunidades que constituem as instituições psicanalíticas.

32. Idem, ibidem, p. 219-220.

O psicanalista jamais está sozinho; ele depende, tal como o chiste, de um Outro que o reconheça. Esse Outro não pode ser reduzido a um Outro normatizado, autoritário, regulamentar, estandardizado. O psicanalista é aquele que afirma ter obtido da experiência o que dela podia esperar; aquele que afirma, portanto, ter atravessado, como Lacan nomeou, "um passe". No passe, ele atesta a superação de seus impasses. A interlocução pela qual visa obter um acordo sobre essa travessia é feita em dispositivos institucionais. Ela se inscreve, de modo mais profundo, na grande Conversação da psicanálise com a civilização. O psicanalista não é autista. Ele não cessa de se endereçar ao interlocutor benevolente, à opinião esclarecida, e pretende comovê-los e interessá-los em favor da causa psicanalítica".

2. A Clínica do CLIN-a

CLIN-a:
O percurso de um Instituto e a proposta de uma Clínica

Ana Maria de A. Guerra Mendy
Antonio Alberto Peixoto de Almeida
Gabriela Malvezzi do Amaral
Iris Tiemi Tiba
Janaina de Paula Costa Veríssimo
Maria Lourenço dos Santos Crespilho
Mirmila Musse

O presente texto reconstrói o percurso histórico da clínica do Centro Lacaniano de Investigação da Ansiedade – CLIN-a, revisitando as transformações e os impasses vivenciados durante os seus mais de quinze anos de existência. Entretanto, torna-se importante tecer previamente algumas considerações acerca do Instituto e do Seminário Clínico – dispositivo que se articula à Clínica e visa à discussão da práxis psicanalítica.

Este não é um escrito puramente linear e causal, visto que, ao longo do tempo, diante das contingências e dos impasses inerentes ao próprio trabalho, a Clínica sofreu reformulações tanto em sua estrutura, quanto em seu funcionamento. Além disso, inúmeras questões atravessaram os autores, tanto com relação à construção do texto, quanto naquilo que tange a posição singular de cada um como integrante do Seminário Clínico.

A pesquisa para realização desse recorrido foi norteada por questões como: o modo de funcionamento que se encerrava em cada uma das épocas, as ancoragens teóricas que acompanhavam as novas propostas e o que se pretendia com cada uma das mudanças. A tentativa de respondê-las auxiliou na compreensão mais ampla das premissas da Clínica do CLIN-a. Esperamos, assim, situar o leitor nesse percurso repleto de particularidades e transformações.

A criação do Instituto

Os Institutos do Campo Freudiano estão submetidos às Escolas e, consequentemente, à Associação Mundial de Psicanálise – AMP. De acordo com Jésus Santiago, eles surgem "(...) nos rastros da insistência de Jacques Lacan em criar um Departamento de Psicanálise, no contexto do ambiente universitário, no final da década de sessenta".[1] Assim, os Institutos orientados pelo Campo Freudiano estão, hoje, em diversos países, mas principalmente na Europa e América. No caso específico do Brasil, temos Institutos nos Estados da Bahia, Minas Gerais, Rio de Janeiro e São Paulo.

Gostaríamos de ressaltar, aqui, uma distinção fundamental entre os Institutos e a Escola. Segundo Jésus Santiago, o funcionamento da Escola se orienta pelo saber suposto, no qual cada um que toma a palavra o faz por sua conta e risco, enquanto no Instituto, o ensino se baseia no saber exposto. O Instituto pode ser considerado o aguilhão da Escola na medida em que, ao priorizar a lógica da argumentação, em detrimento à da ressonância, estimula a transferência de trabalho – que apenas pode se personificar na demonstração própria do saber exposto.[2]

O surgimento do CLIN-a se dá após a dissolução do Instituto de Pesquisas em Psicanálise de São Paulo – IPP/SP. Em dezembro de 2000, após uma conversação da Escola Brasileira de Psicanálise – EBP, são criados três departamentos, que posteriormente se tornaram Institutos: o de psicanálise pura, o de psicanálise aplicada e o de

1. SANTIAGO, J. *O que é o instituto?*. 2015. Disponível em: <http://minascomlacan.com.br/publicacoes/o-que-e-o-instituto/http://minascomlacan.com.br/publicacoes/o-que-e-o-instituto/>. Acesso em: 16 de junho de 2019.
2. Idem, ibidem.

recenseamento do Campo Freudiano.[3] Deste último, em junho de 2003, originou-se o CLIN-a; uma instituição, portanto, criada à luz do ensino de Jacques Lacan, em relação intrínseca com a EBP e, por seu intermédio, com a AMP.

A formalização do Instituto ocorre com o advento da Lei 10.406, de 10 de janeiro de 2002, Novel Código Civil Brasileiro, qualificando o CLIN-a como Organização da Sociedade Civil de Interesse Público – OSCIP, prevista na Lei 9.790, de 23 de março de 1999. Por esta via, foi possível tanto o desenvolvimento da parte clínica, gratuita, voltada à população, quanto o oferecimento de cursos que o financiariam. Ao mesmo tempo em que respondia ao interesse público, a instituição dispensava investimentos do Poder Público para sua manutenção. Assim, além da instituição mantenedora, pagamento realizado pelos oito sócios fundadores,[4] seguidos dos sócios efetivos,[5] há o investimento privado, consistente das mensalidades pagas pelos sócios colaboradores[6] ou associados e nos valores recebidos com o ensino da psicanálise de orientação lacaniana.

Conforme consta em seu estatuto, o CLIN-a:

> (...) tem por finalidade ser um centro de formação de profissionais em psicanálise lacaniana, em especial na investigação da ansiedade, visando o acolhimento da população que não teria acesso a tratamento especializado, bem como à informação científica sobre ansiedade, vindo assim a contribuir, da forma que lhe é própria, com as políticas de saúde mental.[7]

A escolha do nome do Centro Lacaniano de Investigação da Ansiedade foi proposital. O significante *ansiedade*, colhido do campo

3. SILVA, R. F. A prática entre vários no CLIN-a – Atividade CID-X. *Entrevários*, n. 1, 2007.
4. Sócios fundadores são aqueles que participaram da Assembleia de fundação da sociedade, assinando a respectiva Ata e comprometendo-se com suas finalidades.
5. Sócios efetivos são aqueles que forem incorporados pela aprovação de 2/3 (dois terços) da Assembleia Geral, a partir da indicação da maioria dos sócios fundadores ou efetivos.
6. Sócios colaboradores são as pessoas físicas e/ou jurídicas que, identificadas com os objetivos do CLIN-a, solicitarem seu ingresso e pagarem as contribuições correspondentes, segundo critérios determinados pelo Conselho Diretor.
7. Art. 2. do *Estatuto do Centro Lacaniano de Investigação da Ansiedade*. Cf.: https://www.clin-a.com.br/estatuto.

do Outro, pretendia acolher algo do mal-estar contemporâneo, assim nomeado pelo discurso da ciência e pelo imaginário social. Nas palavras de Luiz Fernando Carrijo da Cunha, um "(...) significante que cumpre a função de encobrir a angústia na medida em que o lugar do objeto perdido é ocupado por um objeto mudo, oferecido pela ciência e pelo capital"[8].

Assim como o Instituto, a Clínica também estava articulada ao significante *ansiedade*. Isso implicava acolher qualquer sujeito em sofrimento, qualquer sujeito com um funcionamento que se repete e faz sofrer, para além de uma estrutura diagnóstica.

Portanto, o CLIN-a, além de sua vertente institucional, voltada ao ensino da psicanálise de orientação lacaniana, passa a ter a Clínica da Ansiedade como um projeto terapêutico, um trabalho da psicanálise aplicada na instituição,[9] a partir do desejo de uma interface com o Outro social, em especial, com a Saúde Mental.

Prática feita por muitos (Pratique à plusieurs)

Vale, aqui, uma observação sobre a Prática feita por muitos (*Pratique à plusieurs*), termo criado por Jacques-Alain Miller como sugestão para o título da Terceira Jornada da Rede de Instituições Infantis, em 1997, na cidade de Bruxelas. Em conversa com Antonio Di Ciaccia, Miller afirma que a prática feita por muitos é uma "(...) prática institucional em que vários profissionais trabalham com o sujeito psicótico, em uma clínica onde muitos operam".[10] Essa clínica, nos lembra Simone Souto, introduz o discurso analítico como modo inédito de tratar o gozo e, orientada pelas lições de Éric Laurent,[11] marca a sua originalidade ao "(...) autorizar uma relação à palavra e à linguagem que não é mais ligada a um grupo, mas a um meio, no qual cada um que nele

8. CUNHA, L. F. C. Editorial. *Entrevários*, n. 1, 2007, p. 7.
9. HARARI, A. et al. Clínica da Ansiedade: um projeto terapêutico. *Entrevários*, n. 1, 2007.
10. SOUTO, S. A prática feita por muitos e o trabalho na Instituição. *Entrevários*, n. 1, 2007, p. 61.
11. LAURENT, É. La pratique à plusieurs en institution. *Préliminaire*, n. 9-10. 1998.

pratica está atento para que se possa favorecer a função da palavra e o campo da linguagem".[12]

Uma modalidade da Prática "entre vários"[13]

No início da Clínica do CLIN-a, os pacientes eram encaminhados principalmente pela rede pública.[14] Tendo como uma de suas principais diretrizes a prática "entre vários", seu modo de operar encontrava-se fora do dispositivo analítico. Tratava-se de uma proposta coletiva para acolher e tratar o mal-estar vigente, seguindo paralelamente, tanto a lógica do consultório, como a dos serviços da rede pública.

A Clínica funcionava com duas atividades semanais, nomeadas de *Oficinas*. Aconteciam uma vez por dia, alternadas ao longo do mês, com duração de três horas cada uma. Eram, em média, oito atividades, com diferentes praticantes no mês. Coordenadas por praticantes fixos, dotados de uma prática clínica consolidada, as *Oficinas* tinham um objeto mediador da palavra (Oficina CID-X, Voz, Cinema, Contos, Escrita).[15] O tratamento era gratuito e com tempo limitado de seis meses.

Os praticantes trabalhavam orientados pelo discurso analítico e não se posicionavam no sentido de provocar a transferência analítica. A transferência era proposta em torno da Instituição.[16]

***

A configuração do trabalho modificou-se de forma discreta, já nos dois primeiros anos. Do modo de funcionamento inicial até dezembro

12. SOUTO, 2007, p. 62.
13. Salientamos aqui os pioneiros na aventura da prática entre vários no CLIN-a: Alessandra Sartorello Pecego, Angelina Harari, Blanca Musachi, Fabíola Ramon, Heloisa Prado Telles, Luiz Fernando Carrijo da Cunha, Luiz Mena, Maria Cecília Galletti Ferretti, Milena Vicari Crastelo, Mônica Bueno de Camargo, Rômulo Ferreira da Silva, Síglia Leão, Teresinha N. M. Prado, Valéria Ferranti.
14. RAMON, F. O lugar do CLIN-a na cidade. *Entrevários*, n. 1, 2007, p. 73.
15. SILVA, R. F. Supervisão da clínica do CLIN-a, com Marie-Hélène Brousse. *Entrevários*, n. 2, 2008, p. 81-82.
16. HARARI, 2007, p. 16.

de 2004, o paciente chegava à instituição e começava a participar imediatamente das atividades oferecidas. Em 2005, ainda baseados na Prática "entre vários", foi criado um plantão de acolhimento para novos pacientes que procuravam a Clínica. O plantão era realizado por praticantes recentes na prática analítica e funcionava como uma triagem.

Os pacientes faziam agendamentos prévios e eram atendidos individualmente por um plantonista, com roteiro pré-determinado. O objetivo era escutar a demanda de cada um e decidir se ali seria o melhor lugar para tratamento.[17]

Contudo, esse modelo também sofreu modificações em sua lógica de trabalho. O plantão de acolhimento passou a constituir o momento em que era feita a oferta da Clínica aos pacientes, então recebidos sem agendamento prévio, em conversas que aconteciam em diferentes espaços do CLIN-a. Síglia Leão, praticante que realizava os acolhimentos desde o início do novo modelo, relata que "(...) alguns [pacientes] chegam e entram diretamente na oficina, outros permanecem em conversas com um ou mais membros da equipe, por um período maior, antes de entrar nas oficinas"[18].

Conforme estabelecido pelo próprio nome, o significante qualquer da transferência com a instituição, o *Sq*, na maioria dos casos, era *ansioso*. A aposta dos praticantes era possibilitar o surgimento de outros significantes para além daquele – *ansiedade* – que era inicialmente trazido como verdade.[19] No encerramento, realizava-se uma entrevista de conclusão do tratamento. Muitos casos dirigiam-se para uma análise após o período de tratamento no CLIN-a.

A prática "entre vários" continuava sendo sustentada – nos corredores, nas Oficinas, em uma conversa que o paciente estabelecia fortuitamente com a secretária, por exemplo –, além das reuniões clínicas semanais, nas quais casos e condutas seguiam em viva discussão. Os acontecimentos cotidianos eram redigidos em um diário de bordo.

***

17. LEÃO, S. A função do acolhimento. *Entrevários*, n. 1, 2007.
18. Idem, ibidem, p. 77.
19. HARARI, 2007.

Em uma precisa supervisão da Clínica, publicada em abril de 2008, Marie-Hélène Brousse chama a atenção para a oferta de tratamento disponibilizada no CLIN-a: à lógica da prática "entre vários" soma-se o recurso das entrevistas iniciais e de conclusão.[20] A partir daí, Brousse empresta a experiência de uma instituição parisiense, a Intervalle, para pensar a Clínica do CLIN-a.[21]

> Penso em uma comparação entre a organização que foi exposta por vocês e uma pequena instituição em Paris que não é o CPCT: a Intervalle. É uma iniciativa associativa também, que recebe pacientes durante os finais de semana, quando faltam as estruturas de saúde, sejam públicas ou privadas, ou os consultórios privados.
>
> É interessante compará-las a partir da expressão "prática 'entre vários'", porque, assim como o modelo do CLIN-a, essa prática é uma variante que também organiza essa associação, a Intervalle, ao passo que o CPCT não é organizado dessa forma. O CPCT funciona no modelo mais clássico de consulta e de tratamento por uma só pessoa. E a única diferença é que há um acolhimento realizado por um analista mais experiente e, depois, um tratamento com outro. Há um desdobramento, podemos dizer, da transferência do analista mais experiente, que representa a instituição, o CPCT, à pessoa que vai conduzir o tratamento. Isso não é "prática 'entre vários'". O Intervalle e o CLIN-a parecem seguir a "prática 'entre vários'". (...) No Intervalle, ao paciente é dito que ele será escutado por qualquer outra pessoa. Ele não pode exigir um determinado praticante. Esse é um tipo, também, de "prática 'entre vários'", mas não é um tratamento como ocorre no CLIN-a. Já no CPCT a lógica de tratamento é acolher, escutar. O que, talvez, singularize o CLIN-a é a mediação das atividades (...) em nome de um praticante, se escutei bem.[22]

20. BROUSSE, M.-H. Supervisão da clínica do CLIN-a, com Marie-Hélène Brousse. *Entrevários*, n. 2, 2008.
21. HARARI, A. Supervisão da clínica do CLIN-a, com Marie-Hélène Brousse. *Entrevários*, n. 2, 2008.
22. BROUSSE, 2008, p. 83-84.

Os apontamentos feitos por Brousse indicam uma diferença entre o dispositivo da *Prática "entre vários"* e os atendimentos individuais. O que produz consequências importantes no que se refere à forma como se estabelece a transferência, seja com a instituição, seja com o praticante que realizará o atendimento individual. Esta discussão, muito atual até hoje na Clínica, será retomada ao longo do texto.

Uma mudança de perspectiva

A Clínica se propunha a acolher tudo aquilo que cada paciente trazia para o atendimento sob o significante *ansiedade*. Entretanto, mesmo se o paciente não percebesse que havia tomado emprestado este significante do Outro, verificava-se que as intervenções dos praticantes, durante as *Oficinas,* podiam provocar uma retificação subjetiva. Ainda de forma incipiente, possibilitavam que o paciente se implicasse em sua fala e esboçasse algo de sua particularidade. Não raro, vários pacientes, ao se depararem com a palavra, instituíam uma aposta de que falar poderia produzir uma elaboração, algum alívio. A escuta atenta do praticante instalava no paciente a suposição de um saber.[23]

Com o tempo, mesmo com a preocupação de instituir a transferência com o CLIN-a, evitar a transferência circunscrita a um praticante mostrou-se uma tarefa árdua, em especial porque a maioria dos pacientes era constituída por neuróticos. O tempo de tratamento proposto passou a ser relativizado: para uns, reduzido, para outros, aumentado. Foi possível, para alguns, formular uma questão no lugar da queixa. Para outros, moderar ou suscitar a angústia. Em algumas situações, a direção era nomear algo de sua relação com o gozo, oferecer um lugar para os sintomas mudos ou fazer surgir um sintoma analítico. Assim, concluiu-se que essa prática e seu funcionamento não poderiam ser uma regra e, tampouco, para todos.[24]

23. SILVA, R. F.; BADARI, P. Clínica do CLIN-a – mudança de perspectiva. *Entrevários*, n. 9, 2012.
24. Idem, ibidem.

Para Rômulo Ferreira da Silva, a experiência do CLIN-a, nesse primeiro momento, esgotou o desafio da proposta da prática "entre vários". A experiência foi suficiente para concluir que, seguindo os preceitos psicanalíticos, não importa por qual significante toma-se alguém em análise.[25] Não obstante, se das Oficinas chegava-se a uma demanda de análise, era preciso aceitar o lugar imposto pela transferência e encaminhar o sujeito para um tratamento analítico propriamente dito.[26]

Diante desses impasses, o modelo do Centro Psicanalítico de Consulta e Tratamento (CPCT) começou a surgir nas discussões clínicas. Inicialmente, na tentativa de aproximação de temas comuns: gratuidade, tempo limitado para o tratamento, a psicanálise aplicada e seus efeitos terapêuticos e consequências para a formação analítica.

Entretanto, funcionando como ideal, o CPCT acabou por desorientar a Clínica do CLIN-a.[27] Juntamente a isso, somou-se um apontamento de Jacques-Alain Miller que "(...) recolocou a psicanálise pura no centro do investimento da AMP e do Campo Freudiano, criticando os rumos que os CPCTs vinham tomando e os riscos que se anunciavam com a inversão de perspectiva na relação oferta/demanda da clínica psicanalítica".[28] Mais uma vez, a proposta da Clínica foi questionada. Torna-se pertinente observar, nesse momento, o trabalho de Escola que faz existir a lógica do Instituto e este como aguilhão para a Escola.

Assim, em meados de 2011, as interpretações de Jacques-Alain Miller sobre a necessidade de reenviar os praticantes à psicanálise pura teve seus ecos na Clínica do CLIN-a. Com um quadro bem reduzido de praticantes e pacientes, a prática desacelerou para que a proposta de trabalho fosse repensada. Isso converge com o que, hoje, Patrícia Badari – à época coordenadora da Clínica – aponta sobre a importância de se pensar na interface do Instituto com a Escola, bem como na

25. Rômulo Ferreira Silva, em comunicação aos autores, não-publicada, em 25 de maio de 2019. Agradecemos ao Rômulo pelos ricos esclarecimentos que nos auxiliaram nesta escrita.
26. SILVA; BADARI, 2012.
27. Idem, ibidem.
28. Idem, ibidem, p. 48.

possibilidade de mudança quando esse laço começa a se afrouxar. Novamente, a Clínica se depara com impasses e é necessário, portanto, retomar seus princípios.[29]

Em 2012, ao reassumir a coordenação da Clínica da Ansiedade, Rômulo Ferreira da Silva convida Patrícia Badari e Maria Lourenço dos Santos Crespilho para implantar uma proposta de reformulação, persistente na manutenção do significante *ansiedade* como eixo prioritário para o recebimento de pacientes. Entretanto, uma novidade é posta em marcha, o Seminário Clínico – um espaço para elucidar a prática psicanalítica no CLIN-a, com embasamento teórico sustentando as discussões dos casos atendidos e foco na construção do caso clínico.

***

Os interessados nesse novo formato da Clínica enviavam à coordenação o *curriculum vitae* e uma carta de intenção. Os aceitos eram inscritos no Seminário Clínico, cujo quadro total compunha-se de associados do CLIN-a, alunos, ex-alunos, participantes e outros interessados. Uma vez inscritos, alguns foram convidados para compor o quadro de participantes e outros para o grupo de praticantes, exclusivamente formado por associados, para fazer o trabalho de acolhimento. O quadro dos supervisores era composto por membros fundadores e associados mais experientes do CLIN-a. A reinauguração do dispositivo ocorreu em abril de 2012.

Nesse novo modelo, o atendimento na Clínica do CLIN-a permaneceu gratuito, mas agora com atendimentos individuais e uma vez por semana, pelo menos. A indicação feita ao paciente sobre qual praticante o receberia obedecia aos critérios transferenciais observados na entrevista de acolhimento.[30] O tempo de atendimento passou a ter prazo mínimo de seis meses e, após esse período, o destino do

29. Patrícia Badari, em entrevista aos autores, não-publicada, realizada em 23 de abril de 2019. Agradecemos à Patrícia pelos ricos esclarecimentos que nos auxiliaram nesta escrita.
30. SILVA; BADARI, 2012.

caso era discutido com o supervisor. Poderia, inclusive, consistir-se em um tratamento no consultório do praticante, posterior ao tratamento no CLIN-a.

Houve também uma reorganização administrativa, com a criação de um arquivo com prontuários dos pacientes. O preenchimento era de responsabilidade de cada praticante, e o prontuário era composto por uma ficha cadastral, termo de compromisso para praticantes e para pacientes, relatório da entrevista de acolhimento, evolução das sessões e um escrito visando à construção do caso clínico. O diário de bordo foi substituído por um livro de atas das reuniões e por um registro da dinâmica e fluxo da Clínica – onde constam: procura, início e conclusão do tratamento. Já à secretaria, cabia auxiliar o praticante quanto à organização e ao funcionamento da Clínica, além de organizar os números de inscritos e/ou lista de espera, agendamentos para o *acolhimento* e para o início do tratamento.

***

Em maio de 2012, em parceria com a Clínica Vera Cruz (hospital psiquiátrico localizado no bairro do Jaçanã/SP) e com o Núcleo de Psicanálise e Psicose do CLIN-a, o Seminário Clínico participou, pela primeira vez, da *Apresentação de Paciente* naquela instituição. Segundo Rubens Antônio Fogassi Berlitz, Coordenador Técnico da Clínica Vera Cruz, naquela ocasião, o objetivo da *Apresentação de Paciente* era:

> (...) intersecção entre o ensino e o tratamento, permitindo uma nova leitura acerca do sintoma, da posição subjetiva do paciente diante do desejo e do gozo, apostando ainda, nos possíveis efeitos para reinventar a cada caso uma nova estratégia de tratamento. Como efeito secundário desta prática, a possibilidade do tratamento da própria instituição.[31]

31. BERLITZ, R. A. F. Apresentação de paciente: uma aposta da instituição. *Entrevários*, n. 11, 2013, p. 16.

A discussão e decisão sobre qual paciente seria escolhido para ser entrevistado na Apresentação de Paciente, era responsabilidade da própria Comissão de Ensino e Pesquisa da Clínica Vera Cruz.[32]

Nessas apresentações, as entrevistas eram conduzidas por psicanalistas do CLIN-a, especificamente da Diretoria e do Conselho Técnico, assim denominados "analistas-apresentadores", como fora Rômulo Ferreira da Silva e Angelina Harari. Na ocasião do dia de 31 de outubro de 2012, a psicanalista francesa Agnès Aflalo (AME/ ECF/AMP) conduziu, a convite do CLIN-a, uma dessas entrevistas.

Nesse momento da Clínica, havia, em média, duas reuniões clínicas mensais, que eram intercaladas por discussões de textos teóricos, apresentações dos casos atendidos no CLIN-a e a Apresentação de Paciente na Clínica Vera Cruz.

Durante o ano de 2012, sete casos clínicos foram apresentados nas reuniões do Seminário Clínico com todos os participantes, incluindo os supervisores dos casos. A última reunião do ano, em dezembro, contou com uma Jornada de trabalhos, reafirmando a parceria do Seminário Clínico com o Núcleo de Psicanálise e Psicose e a equipe da Clínica Vera Cruz.

Com o aumento do número de novos participantes do Seminário Clínico, bem como do interesse no atendimento clínico, em março de 2013, foi discutido o modelo de acolhimento, com a sugestão de ser acompanhado por novos participantes, sem experiência em atendimento. Todavia, apesar de aceita, a nova proposta durou poucos meses, pois foi considerado o possível desconforto de alguns pacientes com a presença de um terceiro.

Nesse ano, foram discutidos sete casos clínicos, sendo que, duas reuniões contaram com a presença do Centro Interdisciplinar da Infância e da Adolescência – CIEN e do Projeto Ciranda – Centro de Integração da Infância, possibilitando o enriquecimento da discussão com a clínica de crianças e do autismo. Já na Clínica Vera Cruz, ocorreram cinco apresentações de pacientes, sendo que, em 20 de setembro,

32. Idem, ibidem.

a entrevista foi conduzida pelo psicanalista francês Yves-Claude Stavy (AME/ECF/ AMP).

Com a saída de Patrícia Badari, em julho de 2013, Alessandra Pecêgo foi convidada a compor a coordenação no segundo semestre. As atividades encerraram-se em dezembro, novamente com uma Jornada de trabalhos do Seminário Clínico, do Núcleo de Psicanálise e Psicose e da Clínica Vera Cruz.

O ano de 2014 ficou marcado pela redução do número de praticantes, responsáveis pelo acolhimento, bem como pelo aumento da lista de espera para tratamento. Mesmo com o incremento do número de integrantes do Seminário Clínico, os novatos não ingressavam como praticantes, e sim como participantes, ou seja, ainda não atendiam em razão de pouca ou nenhuma experiência clínica.

Nesse momento, os participantes do Seminário Clínico podiam compor mesas de conversação nas reuniões gerais, possibilitando o enriquecimento da discussão e da construção dos casos clínicos.

Ainda no ano de 2014, houve a apresentação de cinco casos atendidos, o relato de uma experiência de estágio em Aubervillier, Paris (França), e a presença, em novembro, de Sandra Grostein (AME/EBP/ AMP), que apresentou o funcionamento da Clínica de outro Instituto ligado ao Campo Freudiano em São Paulo e à EBP – Seção São Paulo, a Clínica Lacaniana de Atendimento e Pesquisas em Psicanálise – CLIPP. Mais uma vez, a Apresentação de Paciente contou com a presença do psicanalista Yves-Claude Stavy. O ano foi encerrado com uma Jornada sobre as apresentações de pacientes, com trabalhos apresentados pela equipe da Clínica Vera Cruz, além dos participantes do CLIN-a.

***

No ano de 2015, houve um novo *aggiornamento* da Clínica. As reuniões do Seminário Clínico tomaram outro formato. Com o objetivo de fazer a palavra circular e na tentativa de tratar a inibição dos participantes durante a apresentação do caso atendido, as mesas de conversação passaram a ser compostas por, além do praticante que apresentaria o caso, um integrante (praticante/participante) com a incumbência de comentar o caso apresentado, e outro com o encargo de apresentar o texto teórico com um tema que circundasse o caso.

Diante da presença de mais de uma centena de pessoas na lista de espera, em abril do mesmo ano encerraram-se as inscrições para novos pacientes. Assim, a última reunião do ano, realizada em novembro de 2015, teve como tema central a discussão de uma nova proposta para a reformulação da Clínica e do Acolhimento. Ao todo, no ano de 2015, foram apresentados quinze casos clínicos, com uma equipe formada por dez praticantes. O psicanalista Henri Kaufmanner, da EBP – Seção Minas Gerais, figurou como "analista-apresentador" na última Apresentação de Paciente ocorrida no ano. Novamente, houve uma conversação baseada nos três eixos formados pelo Seminário Clínico, pelo Núcleo de Psicanálise e Psicose e pela Clínica Vera Cruz.

No ano de 2016, as reuniões clínicas conservaram o mesmo formato do ano anterior, com discussão e apresentação de nove casos atendidos no CLIN-a. Ainda no âmbito do Seminário Clínico, foi discutida uma experiência de estágio no Le Courtil,[33] instituição belga, com um caso de autismo e um de psicose infantil, bem como comentários sobre o filme francês "À céu aberto" (2013), de Mariana Otero. Uma reunião do segundo semestre contou com a presença de Jorge Forbes, apresentando a Clínica de Psicanálise do Genoma. Por questões internas da Clínica Vera Cruz, foi interrompida a prática da *apresentação de paciente* e encerrada a parceria entre as duas instituições.

Ainda neste ano, foi possível perceber que se instalou um empuxo em direção a uma "clínica-escola". Com a saída de vários analistas praticantes de maior percurso, concentraram-se maciçamente na coordenação geral algumas funções, como: cuidar da via epistêmica, da construção dos casos e do funcionamento burocrático. Mesmo havendo a possibilidade de supervisão à disposição dos praticantes, muitos casos foram levados para as reuniões gerais sem nem ao menos terem sido, anteriormente, supervisionados. Em outras palavras, nas reuniões gerais,

33. Cf.: <https://www.courtil.be>.

destinadas a produzir o caso clínico, buscava-se uma "supervisão" do caso sem que o praticante pudesse ser colocado em questão, o que, para Lacan, em sua concepção de supervisão/controle, é impossível.[34]

Assim, em novembro de 2016, na última reunião do ano, discutiu-se uma nova proposta para reformulação da Clínica do CLIN-a.

No curso das mudanças

Uma nova configuração da Clínica foi pensada no ano de 2017, contendo, desde o começo, uma proposta de avaliação após dois anos de sua implementação. Em abril, convidou-se os já integrantes do Seminário Clínico e os candidatos que demonstraram interesse em participar, para a primeira reunião do ano. Convocada pela nova Coordenação Geral, composta por Rômulo Ferreira da Silva e Maria do Carmo Dias Batista, com assistência de Maria Lourenço dos Santos Crespilho, a reunião teve como objetivo apresentar o novo modelo.

Os integrantes foram divididos em cinco pequenos grupos e seus respectivos coordenadores, que se reuniriam uma vez por mês, além da reunião geral com a presença da Coordenação Geral, dos praticantes, dos participantes e de alguns convidados[35]. O número de integrantes foi reduzido, comparado com o modelo anterior: três na Coordenação Geral, sete coordenadores de pequenos grupos, dez praticantes, cinco participantes e três convidados.

Ainda na fase de implantação do novo modelo, os integrantes foram convocados a formar comissões de trabalho, para organização administrativa (disponibilidade de horários e salas de atendimento), institucional e legal (face social da psicanálise), de referências bibliográficas e publicação do material da Clínica e de resgate histórico. Por terem cumprido seu objetivo, essas comissões se dissolveram e novas são

34. Rômulo Ferreira Silva, na já mencionada comunicação aos autores, não-publicada, em 25 de maio de 2019.
35. Os convidados não eram integrantes do Seminário Clínico, apesar de serem autorizados a frequentá-lo. Posteriormente, foram aceitos como praticantes ou participantes e a categoria foi extinta.

formadas a cada momento de necessidade da clínica – como a dos presentes autores, visando a organização deste livro.

Houve a manutenção da supervisão oferecida aos praticantes, da gratuidade dos atendimentos, do tempo de atendimento limitado pela instituição em até seis meses, bem como a possibilidade de pacientes serem atendidos no espaço dos consultórios dos praticantes – conservando-se o vínculo com a instituição, de acordo com seu Estatuto e suas diretrizes de funcionamento.

***

De acordo com Rômulo Ferreira da Silva, essa reformulação considerou as particularidades afloradas nos atendimentos individuais dos anos anteriores, com o cuidado para não confundir "rigor analítico" com o "estilo de cada um". A proposta tinha como intuito retomar os princípios da prática analítica em uma instituição, e esvaziar a ideia de uma possível aproximação da Clínica do CLIN-a com uma "clínica escola". Assim, foi necessário diluir a "autoridade analítica" entre os pares, com a proposta dos pequenos grupos, e na equipe em geral, para que se pudesse alcançar a dignidade do não saber do analista em seu ofício.[36]

Em setembro do mesmo ano, a readequação de documentos, como o "Termo de Compromisso" assinado pelo paciente, e a apresentação da lista com disponibilidade de horários de atendimento dos praticantes, permitiram o início dos agendamentos das pessoas que estavam na fila de espera.

Foi introduzida a Entrevista Inicial – antes organizada em torno do grupo de Acolhimento – que passou a ser realizada pelos coordenadores dos pequenos grupos. Depois da entrevista, o paciente é encaminhado a um praticante. Os pequenos grupos têm por objetivo, a partir de textos teóricos, discutir os casos atendidos pelos praticantes na

36. Rômulo Ferreira Silva, na comunicação de 2019.

perspectiva da construção do caso clínico.[37] Nas reuniões gerais, além da discussão de aspectos administrativos, quando necessário, segue-se um formato de apresentação visando à construção do caso clínico: um praticante é convidado a apresentar o caso atendido, a partir de um escrito tecido previamente e encaminhado a todos, assim como dois outros textos, um comentário sobre o caso em questão e um texto teórico sobre algum conceito ou tema relevante que tenha atravessado a condução do tratamento, a exemplo da gratuidade, do tempo limitado, uma questão diagnóstica, dentre outros. Ambos os escritos são contribuições de outros praticantes ou participantes do quadro de pessoas que integram o Seminário Clínico. Ao longo da reunião, a contribuição de todos na discussão compõe essa construção. É salutar observar que, no ano de 2017, não houve a apresentação de casos clínicos, apesar de iniciados os atendimentos conforme a reformulação da Clínica.

Em novembro de 2017, ocorreu o último encontro do ano, com a discussão e a avaliação da Clínica em sua nova modalidade, bem como a viabilidade de integração com a Clínica Infantil da Pontifícia Universidade Católica de São Paulo – PUC/SP.[38] Foi também apresentado um levantamento estatístico dos atendimentos, dando início aos trabalhos do próximo ano.

A Conversação como disparador de um livro por vir...

No decorrer do ano de 2018, uma atividade em formato de Conversação foi proposta para pensarmos o biênio de funcionamento do novo modelo da Clínica e do Seminário Clínico.

37. Os pequenos grupos poderiam operar tal qual um cartel e, em algumas ocasiões, não tão esvaziados de hierarquia. Este é um ponto muito particular do novo funcionamento da Clínica, com ressonâncias até o momento presente e muito discutidas na Conversação de 7 de dezembro de 2018, publicada neste livro.
38. O Seminário Clínico recebeu como convidadas as Professoras Maria Cláudia Tedeschi Vieira e Ida Elizabeth Cardinalli, esta, à época, coordenadora da Clínica Infantil da Pontifícia Universidade Católica de São Paulo – PUCSP, a respeito da integração da Clínica do CLIN-a com a Clínica Psicológica da PUCSP, parceria que não se concretizou.

Direcionados a discutir "O que se faz na Clínica do CLIN-a?", visando aos fundamentos da prática na instituição e, não menos, visando ao tempo vindouro, foram produzidos dezenove textos, individuais e em grupo, com a participação de todos os integrantes. Os trabalhos foram lidos previamente à Conversação, que teve como mediadores Rômulo Ferreira da Silva e Maria do Carmo Dias Batista. Simone Souto, AME da EBP/AMP, membro da Seção – Minas Gerais, foi convidada como *êxtimo* para a atividade.

Restrita apenas aos integrantes do Seminário Clínico, a Conversação de 7 de dezembro de 2018, foi dividida em duas sessões: a primeira, conduzida por Rômulo Ferreira da Silva, foi dedicada à apresentação de fragmentos clínicos, fundamentando-se nas particularidades da prática do CLIN-a desde sua fundação: acolhimento/entrevistas preliminares, gratuidade, tempo limitado, prática entre vários, supervisão, construção do caso clínico e transferência de trabalho. A segunda, presidida por Maria do Carmo Dias Batista, referiu-se exclusivamente à experiência e ao saldo de saber dos dois últimos anos, decorrentes dos impasses vividos e das soluções apresentadas, bem como da atividade dos pequenos grupos e sua relação com a reunião geral.

A publicação dessa experiência, em conjunto com os trabalhos produzidos ao longo do biênio, foi justamente o que impulsionou a concepção do presente livro.

***

Após percorrer as mudanças da Clínica do CLIN-a durante esses anos, um trecho do texto de Patrícia Badari e Rômulo Ferreira da Silva, mesmo que de 2012, mostra-se contemporâneo: "(...) uma experiência se iniciará e veremos quais consequências que poderemos extrair".[39] Isso atualiza o pensar sobre as apostas anteriores e relança o entusiasmo nas apostas recentes, em torno das quais é possível elaborar as experiências e propor novidades.

39. SILVA; BADARI, 2012, p. 49.

3. O Particular de uma Clínica

A primeira entrevista

Paula Catunda

Como sabemos, a orientação lacaniana não sugere um padrão rígido, não determina a quantidade de sessões por semana ou o tempo fixo de duração de cada sessão, mas nos orienta que é imprescindível uma ética. Esta ética está relacionada a princípios que iremos refletir neste texto. O que podemos fazer em uma primeira entrevista?

A Clínica do CLIN-a passa por constantes reflexões, tentamos nos aproveitar do novo que traz cada imprevisto do dia a dia. Não é uma clínica-escola, nem tem o objetivo de atender à demanda da população carente da cidade. São oferecidos poucos atendimentos, pois há um cuidado, um estudo teórico, supervisão, discussão e, consequentemente, um aprendizado com cada um dos casos.

Um dos pontos discutidos no ano passado (2018) foi o Acolhimento, ou seja, a primeira entrevista que era realizada quando se chegava à clínica procurando um atendimento. Questionamos sobre sua necessidade, sua função e decidimos mantê-la, mas mudamos o nome de Acolhimento para Primeira Entrevista. Temos claro que há um acolhimento, mas podemos pensar que há também um encontro com um analista, uma conversa que se difere das demais.

Freud, em 1913, já pensava sobre o início de uma análise e redigiu o texto "Sobre o início do tratamento".[1] Considera-o um período de uma a duas semanas, momentos em que incentiva a associação livre,

1. FREUD, S. Sobre o início do tratamento (Novas recomendações sobre a técnica da psicanálise I). In: *Obras Completas*. (Vol. XII). Rio de Janeiro: Imago, 1976. (Trabalho original publicado em 1913).

fazendo apenas pequenas intervenções. Atém-se, nesse início, às questões diagnósticas e a outros pontos importantes: o tempo, o dinheiro e a transferência.

Em relação à hipótese diagnóstica, Freud comenta sobre o cuidado que se tem de ter no início, pois há a possibilidade de alguns casos, que parecem ser uma neurose, na realidade serem estágios iniciais de uma psicose (como descrevia na época) e relata a dificuldade em fazer esta distinção.

A primeira entrevista no CLIN-a tem, portanto, importância diagnóstica. Uma clínica procurada por pessoas com demandas diversas, desde estudantes de psicologia até drogados e pacientes graves que necessitam de medicação.

Como exemplo, podemos mencionar uma entrevista feita com uma mulher casada, professora universitária e que já havia feito muitos anos de análise. Retoma por causa de sua "ansiedade". Veio encaminhada pelo psiquiatra e queixa-se do ambiente de trabalho muito competitivo e com brigas por questões políticas. Além das dificuldades nos relacionamentos, relata, sem dar muita importância, fenômenos corporais (sensações estranhas no corpo, percepções de perda de noção do ambiente, etc.). Dados importantes a serem relatados ao praticante que irá dar continuidade ao atendimento, principalmente devido à hipótese diagnóstica de psicose ordinária.

Miller, em seu texto "O método psicanalítico",[2] também relata a necessidade de se estar atento aos "fenômenos elementares" que podem estar presentes em uma primeira entrevista em pacientes que parecem neuróticos. Descreve os automatismos mentais (ouvir vozes), automatismos corporais (estranheza com o próprio corpo, desmembramento, distorção temporal, etc.) e fenômenos relacionados ao sentido e à verdade (certezas absolutas, vivências diferenciadas, hostilidades a estranhos.).

2. MILLER, J-A. *Efeitos terapêuticos rápidos em psicanálise:* conversação clínica com Jacques-Alain Miller em Barcelona. Belo Horizonte: Escola Brasileira de Psicanálise/Scriptum, 2008.

Além do diagnóstico, retomo uma importante questão levantada por Freud já em 1913: com qual material devemos começar o tratamento? Pensamos, portanto, qual ponto devemos marcar na primeira entrevista? Ou podemos pensar qual será a direção do tratamento?

Miller descreve três níveis de finalidade das entrevistas preliminares: avaliação clínica, localização subjetiva e introdução ao inconsciente. Em relação à avaliação clínica, valoriza a importância do diagnóstico e da direção do tratamento. Quanto à localização subjetiva, nos mostra a diferença entre o dito e o dizer, ou seja, a posição de quem fala, pois às vezes diz-se só por dizer, repetindo o que lhe disseram sem acreditar no que se diz. Há uma diferença entre o dito e a posição em que se está frente ao que foi dito. E isso deve ser pontuado.

Podemos pensar que, nesta primeira entrevista, não há apenas associação livre, tal como nos ensina Freud? Nem apenas um acolhimento ou uma triagem, como vemos em algumas instituições?

Tentamos fazer questionamentos, pontuações, para que o paciente reflita sobre o que diz. Acabamos de certa forma, em alguns momentos, direcionando a entrevista, tentando pontuar um modo de gozo. Ou seja, podemos pensar que se inicia aqui o trabalho que continuará sendo feito nas entrevistas preliminares pelo praticante, em uma clínica *entrevários*?

Miquel Bassols,[3] no prefácio do livro sobre a discussão dos CPCTs, comenta que, como o sintoma traz um traço muito particular do caso clínico, ao lidar com ele podemos encontrar um valor terapêutico da psicanálise.

Pensemos em outra entrevista. Uma mulher procura o CLIN-a para livrar-se das drogas, pois percebe que está prejudicando sua vida. Conta sua história, uma vida difícil, sua mãe faleceu quando pequena e seu pai nunca foi próximo. No final, comenta sobre o momento em que não consegue se controlar e vai buscar a droga. Existe um desejo, muito intenso, de estar na primeira relação com a pessoa por quem é

3. BASSOLS, M. Prefácio. In: MILLER, J-A. *Efeitos terapêuticos rápidos em psicanálise:* conversação clínica com Jacques-Alain Miller em Barcelona. Belo Horizonte: Escola Brasileira de Psicanálise/Scriptum, 2008.

e/ou foi apaixonada (não sabe bem). Aí aparece a compulsão pela droga e pelo sexo. Este ponto é marcado, algo que a paciente mesmo diz, mas sem se dar conta do que disse e que parece fazer uma diferença, pois comenta com o outro praticante que passa a atendê-la que refletiu sobre isto a semana toda.

Outro ponto importante é a transferência. Na clínica do CLIN-a, estamos atentos ao encaminhamento que será dado ao caso. Tentamos, na medida do possível, privilegiar a transferência aproveitando o fato de termos diversos praticantes. Encaminhamentos já foram feitos pensando-se na idade, sexo e até na língua materna de quem irá atender.

Para exemplificar, podemos mencionar uma entrevista feita com uma outra mulher que foi encaminhada para ser atendida por um praticante homem, devido aos dados que aparecem na primeira entrevista. Homem que se posiciona de outra maneira frente a ela, diferentemente do que estava acostumada com "todos os homens", inclusive o seu pai. Ao longo do atendimento, o praticante marca um significante privilegiado, que se repete. Nas discussões *entrevários* levantamos a hipótese de que o fato do praticante ser homem facilitou a transferência, retificando sua posição frente ao que se queixava.

A primeira entrevista permanece na clínica. Alguns se posicionam contrários a ela, mas penso que em alguns momentos parece que conseguimos algo a mais do que uma triagem, e em outros não, acolhemos. Mas o importante é a riqueza das discussões sobre os atendimentos, sobre cada detalhe discutido *entrevários*, que fazem a diferença, trazendo um constante aprendizado e reflexões.

Para finalizar, cito Miller:

> As entrevistas preliminares não são apenas uma investigação para localizar o sujeito, mas também a mudança efetiva de sua posição. Elas podem transformar a pessoa que está sendo entrevistada em alguém que se refere ao que disse guardando distância do dito. É esse o motivo delas se constituírem em uma retificação subjetiva.[4]

4. MILLER, J-A. O método psicanalítico. In: *Lacan elucidado:* palestras no Brasil. Rio de Janeiro: Jorge Zahar, 1987, p. 250.

Dimensões clínicas de um encaminhamento

Luciana Ernanny Legey

Há muito para dizer sobre as entrevistas preliminares em psicanálise, sendo esses primeiros encontros de imenso valor para o curso de um tratamento. Dar notícias sobre a prática clínica nesse âmbito torna-se, portanto, tarefa importante e necessária para a formação contínua da comunidade analítica.

Assim como o paciente que, quando coloca as palavras em seu lugar preciso, começa a experimentar uma ordenação diferente na vida, o encerramento de um caso clínico e sua construção também ordenam a prática de um analista.

Para fins deste texto, proponho estabelecer uma diferença entre "entrevista inicial" e "primeiro encontro", tendo em vista o dispositivo atualmente em funcionamento no CLIN-a, qual seja, a entrevista inicial, realizada por algum coordenador dos pequenos grupos, que pode dar continuidade aos atendimentos com o paciente ou encaminhar para um praticante que realizará um primeiro encontro e dará seguimento ao tratamento.

Posso dizer então que este texto trata da dimensão clínica do encaminhamento, pois, ao contrário do que ocorre nas triagens em hospitais, não é assistencialista nem tem como função a passagem de informações de um indivíduo doente. A entrevista inicial em uma instituição orientada pela psicanálise tem a função de ser um dispositivo de localização do gozo de quem procura ajuda, podendo ser lida com o intuito de uma possível direção do tratamento.

A leitura do encaminhamento

Carlos não deu sequência a um tratamento anterior cujo objetivo era falar para a família de sua orientação sexual. Já formado e estabelecido financeiramente, saiu do país por alguns anos. O namorado o segue e isso é interpretado como um incômodo, mas por se sentir carente continua com ele. Ao final do período fora, seu pai morre: "*Não cheguei a tempo para vê-lo*". Conta ter sentido medo de que algo acontecesse aos pais em sua ausência. Nunca falou sobre sua escolha sexual com a família. Volta ao país, termina o relacionamento e imediatamente engata em outro. Esse novo companheiro, designado por ele como "*muito sensível e carinhoso*", incentiva-o a procurar tratamento, pois percebe que Carlos tem sintomas ansiosos. Entre a vida profissional em transição e a amorosa, queixa-se de que a segunda é o que mais o incomoda: "*não quero uma criança a meu lado, quero um homem*". Conta ter um relacionamento com outra pessoa "*que se comporta como homem e que é independente*", mas que trair o angustia. Ao final da entrevista inicial, se pergunta por que sai de um relacionamento e entra em outro quando começa a sentir que há problemas, formulando um enigma.

Três coordenadas clínicas

Foram três as coordenadas norteadoras da entrevista inicial e do encaminhamento que levaram esse paciente a fazer uma consulta em um dispositivo analítico: 1) urgência, representada pelos sintomas físicos; 2) luto, representado pela morte do pai; e 3) questão amorosa, representada pela troca de parceiros. É, portanto, em urgência, enlutado e com uma queixa metamorfoseada em enigma relacionado ao amor, que ocorre o encontro desse paciente com a psicanálise. A avaliação clínica nesse caso foi simples e decidida: uma neurose.

Como sutileza importante para a leitura feita diante do encaminhamento, ressalto o detalhe de que este paciente procura mais uma vez falar sobre o amor. Não lhe foi possível falar antes de que ocorresse a morte do pai. A falta de elaboração dessa perda, o sofrimento que experimenta na vida amorosa, as palavras silenciadas e certo empuxo ao *acting* orientaram a direção do tratamento.

Sendo assim, optei por deixar que me contasse sua história familiar, profissional e, principalmente, a amorosa, o que significa dizer que o analista acolhe a queixa, dá ao sofrimento uma direção de modo que a urgência subjetiva possa ser endereçada a alguém.

Não obstante o enigma do qual o paciente e eu estávamos advertidos, servindo-me de um semblante pouco crítico, os primeiros encontros giraram em torno desses relacionamentos e de como ele lidava com ambos em meio ao trabalho e aos treinamentos, sendo que esses sim o levariam à sua verdadeira paixão, o automobilismo.

A temporalidade do sujeito parecia estar a todo momento demonstrando ser um detalhe ao qual eu deveria dar atenção durante o tratamento, a despeito do dispositivo de tempo limitado do CLIN-a. Nada de pressa. Recebia Carlos em horários variados.

Christiane Alberti, em seu texto de Orientação para as Jornadas da Seção SP ocorridas em 2018, intitulado "Mais longe que o Amor", comenta a expressão de Lacan "fazer par":

> O par empurra cada um a saber. Quando acontece de essas questões conduzirem a procurar um psicanalista, trata-se menos de incriminar o outro na sua queixa ou sua reivindicação do que de saber qual harmonia obscura me liga a ele ou, para além disso, aos rastros da minha infância. Fazer par é um enigma para cada um porque "a significação da parceria é para cada um de nós uma questão que permanece aberta", como se o mistério permanecesse, como se a parceria ocultasse obviamente uma razão insondável, um sem porquê, um gozo obscuro não questionado[1].

Agora, diante da psicanálise, talvez lhe fosse possível ir mais longe que a dimensão imaginária do amor. O encontro com esse

1. ALBERTI, C. *Mais longe que o amor*. 2018. Disponível em: <https://ebp.org.br/sp/orientacao-mais-longe-que-o-amor-christiane-alberti/> Acesso em: 12 jul. 2019.

gozo desconhecido e sem sentido levaria a um chamado ao saber? *"Estava muito cansado"*, dizia ele. Amar e trabalhar lhe custava o corpo.

O encontro com o Real

Um determinado dia, escreve à praticante informando estar hospitalizado e que não poderia comparecer à sessão. Estava bem, porém muito assustado com a situação. Estava impedido de colocar os pés no chão. Sentiu medo de morrer assim como seu pai. Essa contingência lhe impõe alguns limites, como relato abaixo, tendo sido assustadora, porém importante para o tratamento.

Na próxima sessão, relata que a iminência da morte lhe trouxe a preocupação de que sua paixão estivesse em vias de ser interrompida. É quando também aparece uma abertura do inconsciente através do relato de um sonho em que abraçava seu pai e passava-lhe a mão no bigode. Digo a ele: você também usa bigode. Ao que ele responde: *"sim! acho algo tão masculino e sexy"*.

Nas semanas que se seguem é levado ao hospital com taquicardia e sudorese, sintomas associados ao contemporâneo, denominados como "crises de pânico", sendo que o último episódio ocorre na presença do amante. Nesta ocasião, escreve à praticante dizendo estar se sentindo muito mal onde estava e querendo ir embora. Ao que lhe pergunto: e por que não volta? Responde que só havia voos no dia seguinte. Escrevo que, então, venha em seguida ao consultório.

Se Lacan[2] nos disse que a angústia funciona como bússola no caminho do desejo, Laurent[3] nos ensina que desangustiar consiste, portanto, em fazer surgir a questão sobre o desejo. Um paciente angustiado pode ser precioso a um analista. Quanto mais o sintoma aparece, mais é possível trabalhar na direção da cura.

2. LACAN, J. *O Seminário, livro 10:* A angústia. Rio de Janeiro: Jorge Zahar, 2005. (Trabalho original publicado em 1962-1963).
3. LAURENT, É, Desangustiar. In: *A sociedade do sintoma*: a psicanálise hoje. Rio de Janeiro: Contra Capa, 2007.

Chegando bastante angustiado à sessão, conta que ter entrado em contato comigo o acalmou e ajudou a pensar que algo teria que mudar. Por que tanta vontade de vir? Uma descoberta: o "amante" oculta a homossexualidade, pedindo que Carlos saísse por outra porta. Houve um desconforto e ele quis correr.

Foi nesta oportunidade, quando seu sonho parece ameaçado e suas questões amorosas vacilam, que encontro espaço para intervir: mas afinal de onde surgiu essa paixão? Digo, a paixão pelo automobilismo?

A resposta a essa intervenção parece ser um dado clínico importante para o caso. Carlos conta que a paixão surge a partir de uma imagem, quando encontra com um homem com quem já havia tido um relacionamento amoroso vestido de piloto. Esse encontro ocorre num autódromo e, a partir de então, decide entrar para o ramo buscando o treinamento para competir profissionalmente.

Foi a partir de um acontecimento de corpo e um impasse amoroso que pôde elaborar o luto do pai e contar de sua outra paixão, a de encontrar o valor fálico em um homem, representada através da invenção de pilotar.

Nas últimas duas sessões, relata que seus exames estavam perfeitos e sentia-se preparado para enfrentar o que viesse, mesmo com medo de algum tipo de ataque de pânico. Dizia que sua vontade de pilotar carros em alta velocidade, sua paixão, era mais forte. Pede uma sessão e diz que tudo se passou bem, que devia agora se preparar para as provas nas próximas semanas e também precisava me contar que nunca mais viu ou procurou o amante. Estava vivendo com o companheiro e saindo com outros homens esporadicamente, mas que aquilo estava encerrado e agora precisava concentrar-se nos treinamentos. Ficou de me procurar assim que ocorresse a próxima competição, mas não procurou.

O que se formaliza então a partir do início de um tratamento?

Minha hipótese é de que, durante o período em que veio ao meu encontro, Carlos pôde formalizar algo além da queixa, sobretudo falou de amor e foi um pouco além, saindo desse encontro com certa subjetivação, ao menos advertido de sua paixão. No entanto, fico com a pergunta se ele consentirá ou não com o gozo obscuro que nele habita.

O tratamento gratuito e os seus impasses:
da proposta de Freud à experiência do CLIN-a

Antonio Alberto Peixoto de Almeida

O dinheiro e o pagamento de Freud a Lacan

O dinheiro tem sua origem na troca, no escambo de produtos na Antiguidade. A palavra "salário" surge a partir do sal, que tinha um valor importante no Império Romano. Na atualidade, no entanto, isso tem consequências específicas que estão atreladas ao modo como o discurso capitalista impacta no laço social.

Diante disso, questiona-se, aqui, acerca da relação entre a psicanálise e o dinheiro no tratamento analítico. Parte-se, então, das seguintes perguntas: a psicanálise pode prescindir disto em um tratamento? Quais as consequências da gratuidade em um atendimento? Para tanto, se pesquisou as noções de "dinheiro" e "pagamento" nas obras de Freud e Lacan.

Freud[1] aponta que há uma relação entre o excremento e o dinheiro. Assim, a maneira como a criança opera com as fezes é análoga a isto, no sentido em que há a dimensão da sujeira e um significativo valor de troca entre ambos. Em outro ponto, isso remete, então, à preciosidade

1. FREUD, S. Caráter e erotismo anal. In: *Obras completas*. (Vol. VIII, Tradução de Paulo de César de Souza). São Paulo: Companhia das Letras, 2015. (Trabalho original publicado em 1908).

e ao desprezo, o que diz diretamente sobre a questão do poder. Na atualidade, assim, é comum observar como a desigualdade da distribuição do dinheiro, no laço social, costuma gerar, muitas vezes, fascinação ou hostilidade.

Freud[2] demonstra como o excremento é o primeiro presente que a criança tem para dar ao adulto. Diante disso, há dois caminhos: retê-lo para si, como meio de conseguir uma satisfação auto erótica, ou ofertá-lo. Trata-se, aqui, de, através da analidade, demonstrar ou não a falta. Assim, a relação com o dinheiro, *a posteriori*, passa a ter essa função. Sinatra[3] destaca que, nessa passagem, é importante atentar para a função libidinal do dinheiro, através do valor de gozo que este pode vir a adquirir.

Neste sentido, Freud[4] aponta em outro texto, acerca da relação com a sexualidade no âmbito do tratamento, para alertar sobre as questões técnicas. O pai da psicanálise diz que há uma similaridade, pois ambas são tratadas com uma certa dose de cinismo e de hipocrisia, de tal modo que o analista deve estar atento a isto, para que não cobre menos do que o custo do seu tempo e do seu atendimento. É importante ressaltar – e o autor aponta isso no seu texto – que as pessoas eram atendidas várias vezes por semana, em sessões com tempo fixo, ou seja, um tratamento gratuito levava boa parte do tempo do analista – e por isso tinha um custo elevado para ele em termos financeiros, o que dificultava a flexibilidade do manejo do dinheiro que ganha espaço com Lacan, conforme indica Goya[5].

2. FREUD, S. Sobre transformações dos instintos, em particular no erotismo anal. In: *Obras completas*. (Vol. XIV, Tradução de Paulo de César de Souza). São Paulo: Companhia das Letras, 2010. (Trabalho original publicado em 1917).
3. SINATRA, E. *Las entrevistas preliminares y la entrada em análisis*. Buenos Aires: Grama Ediciones, 2017.
4. FREUD, S. O início do tratamento. In: *Observações psicanalíticas sobre um caso de paranoia relatado em autobiografia ("O caso Schreber"):* artigos sobre técnica e outros textos (1911-1913). (Tradução de Paulo de César de Souza). São Paulo: Companhia das Letras, 2010. (Trabalho original publicado em 1913).
5. GOYA, A. El dinero em psicoanalisis. *Colófon – El dinero la subversión lacaniana. Boletín de la Federación Internacional de Bibiotecas de la Orientación Lacaniana*, n. 34, 2014.

Freud relata, ainda, sua experiência com tratamentos gratuitos:

> O tratamento gratuito aumenta bastante algumas resistências do neurótico; nas mulheres jovens, por exemplo, a tentação que está contida na relação de transferência; nos homens jovens, a revolta contra o dever da gratidão, que provém do complexo paterno e se inclui entre os mais sérios obstáculos à ajuda médica.[6]

Sinatra[7] traduz o termo "resistência" utilizado por Freud, nesse texto, como "dificuldade" – e destaca que o autor fala em aumento, ou seja, não é que o tratamento gratuito crie esses obstáculos, mas que a ausência de pagamento pode vir a intensificá-los.

Lacan,[8] em continuidade a Freud, diz que a função do pagamento é evitar que o analista ocupe a posição de portador da verdade do paciente, de tal modo que, sem o dinheiro, há o risco que este seja tomado na dimensão do sagrado e do sacrifício. Além disso, ele alerta também sobre a possibilidade de que o tratamento gratuito imponha uma dívida simbólica ao analisando. Assim, o dinheiro tem uma função de corte. Goya,[9] além disso, diz que a função do dinheiro, ao aniquilar as significações, é um recurso que o analista tem para evitar o amor do paciente e a erotomania na psicose.

Lacan[10] destaca, a partir de maio de 1968, como o progressivo aumento do poder do dinheiro estabelece um mercado do saber, que nunca encontra uma correspondência exata com o valor que lhe é pago, através do trabalho, devido ao mais-de-gozar. Indo além, o autor aponta que, na psicanálise, há algo que escapa a essa lógica, na medida em que não se trata de um produto, nem se pretende ser um discurso que diz tudo – para exemplificar isto, destaca-se as duas epígrafes do início do

6. FREUD, 1913/2010, p. 177.
7. SINATRA, 2017.
8. LACAN, J. *Seminário, livro 2:* O eu na teoria de Freud e na técnica da psicanálise. (Texto estabelecido por Jacques-Alain Miller). Rio de Janeiro: Jorge Zahar, 2010. (Trabalho original publicado em 1978).
9. GOYA, 2014.
10. LACAN, J. *Seminário, livro 16*: De um outro ao outro. (Texto estabelecido por Jacques-Alain Miller). Rio de Janeiro: Jorge Zahar, 2008. (Trabalho original publicado em 1968-1969).

capítulo que indicam o caminho do "mercado do saber" ao "discurso analítico": "a frustração do trabalhador" e "a estrutura é o real".

O tratamento gratuito e a experiência da clínica do CLIN-a

Diante dos pontos apresentados, pensar em um tratamento que se oferta gratuitamente, através da psicanálise, é um desafio. Assim, mesmo em caráter excepcional, são colocadas cinco perguntas que visam verificar a pertinência deste atendimento: 1) Em qual contexto ele se insere? 2) Qual a função do atendimento gratuito dentro desse contexto? 3) O público a ser atendido ou o contexto institucional justificam a gratuidade? 4) O que se objetiva com esses atendimentos? 5) O que poderá ter a mesma função do dinheiro, no sentido do "*che vuoi*", conforme Laia[11] indica ser uma questão importante nestes casos?

A primeira questão é importante pois pretende especificar se trata-se de uma instituição pública ou privada e o caráter desta – o que pode ter consequências diversas. A segunda questão permite pensar a função da gratuidade dentro dessa instituição. A terceira questão, discutir a validade da construção desse dispositivo e da oferta desse atendimento com esse elemento ausente no *setting*. A quarta visa verificar a posição do analista, já que este não pode atender em nome do Bem, da caridade ou de qualquer outro ideal, nem ocupar a dimensão do sagrado e do sacrifício, conforme referência anterior de Lacan. E a quinta, permite pensar no que poderá ter a função de dinheiro e de pagamento, no sentido da, se necessária, aniquilação das significações e do "*che vuoi*" naquele atendimento.

Em face dos pontos apresentados, é possível pensar na experiência da clínica do CLIN-a. Nesta, atualmente, os atendimentos são ofertados gratuitamente, por um período de *até* seis meses – um ponto importante para que se evite que, através do não-pagamento, o analista caia

11. LAIA, S. Dinero, gratuidad y psicoanálisis. *Colófon – El dinero la subversión lacaniana. Boletín de la Federación Internacional de Bibiotecas de la Orientación Lacaniana*, n. 34, 2014.

nas posições citadas anteriormente. Os pacientes são atendidos em consultório particular ou na própria instituição. Como destaca Cunha,[12] este modelo foi pensado como um modo de subverter o mal-estar da atualidade. Assim, objetiva-se que existam efeitos de sujeito, a partir do convite à palavra através de um contato primeiro com a psicanálise, o que justamente aponta para uma direção contrária à contemporaneidade, onde o dizer do sujeito é, cada vez mais, silenciado pelo poder do dinheiro.

Entende-se então que, através da entrada na clínica da instituição, haja uma transferência atravessada pela psicanálise, de tal modo que esta possa estar presente a partir do seu "método de trabalho". Em outras palavras, em um ponto que permita a abertura ao inconsciente, para com isso transpor as dificuldades provenientes da gratuidade. Trata-se, assim, de um mais além da forma como o laço social se organiza na atualidade em torno do mercado do saber e das soluções imediatas, muitas vezes ofertadas, no campo da saúde mental, sobretudo daquele de orientação cientificista.

Deste modo, se a transferência deve ser atravessada pela psicanálise, para ir em direção ao "*che vuoi*", cada instituição deve pensar isso diante da sua singularidade. No caso do CLIN-a, é possível dizer que, primeiro, o laço com o Outro social foi pensado a partir do nome, por isso, como diz Cunha,[13] o significante escolhido foi "ansiedade", pois mesmo não sendo um termo usado na psicanálise, ele está presente no senso comum e no modo como as pessoas nomeiam os seus sofrimentos – e aqui, justamente, ele se destaca "-a". Por outro lado, há no nome também o "lacaniano", de tal forma que este acréscimo torna presente a psicanálise, ou seja, refere-se a um tratamento para a "ansiedade" pautado no método "lacaniano". A consequência para cada caso varia, a oferta do convite à palavra está posta.

12. CUNHA, L. F. C., Mas, isso ainda é psicanálise? *Entrevários*, n. 1, 2007.
13. Idem, ibidem.

Caetano Veloso[14] indica, em uma de suas composições, que "a força da grana ergue e destrói coisas belas". Assim, é preciso ir mais além do mercado do saber contemporâneo. No entanto, o psicanalista não pode, diante do manejo do dinheiro, assumir o lugar do Bem, ou da caridade, nem tampouco acreditar que irá curar o mal-estar da civilização. Diante disso, é preciso pensar em como subverter, sem prescindir da ética. Isso, por outro lado, só é possível diante daquilo que se tece no um a um – mesmo quando nos referimos à dimensão política. Eis, então, um desafio, colocado para a psicanálise, diante dos tempos atuais.

14. VELOSO, C. Sampa. *Muito – Dentro da Estrela Azulada*. São Paulo: Universal Music, 1978. 1 disco sonoro.

Uma casa menor custa caro

Ana Maria de A. Guerra Mendy

Se eu cair, a casa cai!

Ana Carolina[1] é encaminhada ao CLIN-a pelo serviço público de saúde. Em sua primeira sessão, apresenta-se ansiosa, relata insônia, perda de peso e desânimo desde a descoberta de uma enfermidade de sua filha adolescente. Queixa-se de seu casamento e pede à praticante ajuda para separar-se de seu marido, motivo pelo qual diz ter buscado atendimento psicológico.

Logo nas primeiras sessões, apresenta sua fantasia, abalada pelo diagnóstico da filha: *"Eu não posso cair, sou o alicerce da casa... Se eu cair, a casa cai"*. Onde o não-toda cutuca-lhe, responde com a substituição do marido pela filha em sua cama, dando mais consistência ao mito familiar que a acompanha há gerações: onde os homens faltam, as mulheres sustentam. Crendo-se toda, vive e fala de seu sintoma, ininterruptamente, sessão após sessão: fazer tudo pelo Outro. Ela é a que tem tudo que falta ao Outro e faz questão de não deixar nada faltar, mantendo-se este alicerce quase inabalável.

Não sei...

Após algumas sessões preenchidas de tramas absolutas, inabaláveis e ininterruptas, às quais não lhes dava os ouvidos, aparecem breves momentos em que Ana Carolina dá lugar ao seu não saber de si. Nesta pequena fenda que se abre no discurso da paciente, a praticante faz a escolha de intervir: retoma o *"não sei"* escorregado e encerra a sessão.

1. Nome fictício.

Com essa operação de corte e de fixação do ponto de enigma, não só se abre à ela a divisão subjetiva que a incerteza causa, como opera-se uma perda de gozo advinda da impossibilidade de falar tudo. O ponto de "*não sei*" e a redução do tempo das sessões mostram-se, *a posteriori*, dois operadores fundamentais para este caso.

Esta intervenção permitirá à Ana Carolina uma primeira retificação subjetiva: "*Usei* [a enfermidade da filha] *como escudo para manter* [a filha] *embaixo do meu braço.*". Como um dos efeitos deste reposicionamento, a adolescente volta a dormir em seu próprio quarto. Ao separar-se desta, não do marido, Ana Carolina dá lugar na casa à mulher, não-toda, que existe na mãe. Este movimento inaugura para a paciente uma série de mudanças em sua vida pessoal, que acarreta um novo laço com o seu marido e seus filhos. O tempo que dedicava fazendo tudo pelo Outro, passa a dedicar a si. Na renúncia deste gozo, parece abrir-se uma leve rachadura no alicerce, sem o receio de que a casa caia.

É a partir deste movimento, onde é sutilmente possível faltar algo ao Outro, que consente à sua própria falta, que lhe retorna desta operação. Como resto, há o estranhamento de ver-se sozinha que surge nas sessões.

Obrigada.

A interrupção dos atendimentos pelas férias da praticante é acompanhada de mensagens de agradecimento a esta, seguida de três faltas da paciente no retorno das sessões. Nas mensagens, Ana Carolina expressa sentir haver mudado devido à "*ajuda*" da profissional. Quando comparece, retoma a fala ininterrupta – que já há algum tempo mostrava-se calma, pausada e audível –, assim como suas queixas iniciais. Sente-se voltar à estaca zero de seu tratamento. Ao final da sessão, já de pé, direciona à praticante a demanda por um remédio que lhe ajude a acalmar-se e obtém como resposta: "*sim, venha na sessão*".

Poderíamos pensar que, diante da ausência da praticante, a falta que lhe recai é redirecionada à esta, que fica à sua espera. Não é o Outro que lhe falta, mas é ela que falta ao Outro. Aqui, não haveria perda de gozo. Neste momento, cabe questionar se o pagamento da sessão faltada não teria efeito de amortizar este gozo. Ainda na mesma sessão, recoloca sua inquietação, já presente há um tempo, acerca de quantas sessões restavam-lhe pelo CLIN-a e quanto custar-lhe-ia para continuar.

Qual é o preço?

O percurso de Ana Carolina permite que nos debrucemos sobre a função da gratuidade no serviço de atendimento do CLIN-a. Qual é o preço de um atendimento?

Mônica Bueno de Camargo, em seu texto "Gratuidade – algumas considerações",[2] questiona se a perda de gozo teria estatuto de pagamento. No caso em questão, o dinheiro não poderia ter sido um operador importante na sequência de faltas? Nas mensagens enviadas, Ana Carolina coloca a praticante como aquela que a *"ajudou a mudar"*, desresponsabilizando-se subjetivamente. Em um momento posterior, ainda evoca sua filha mais velha como aquela que a ajuda, por ver o que ela necessita.

Recebe a ajuda, não por ter concedido à perda do gozo de seu sintoma de sustentar, fazer tudo pelo Outro, deixando, portanto, um espaço vazio. Pelo contrário, recebe a ajuda porque o Outro vê e tem o que lhe falta. Desse ponto de vista, não haveria fenda nos alicerces, somente reboco imaginário.

Após a intervenção *"sim, venha na sessão"*, que convoca a paciente a retomar o seu espaço de fala, a praticante vê na relação transferencial um novo manejo: retomar as próprias falas da paciente, reconstruindo a partir de seu próprio fio o trabalho analítico. No manejo de não deixar suas palavras caírem ao vento, junto ao trabalho do tempo da sessão como um limitador à fala sem fim, houve o efeito de apaziguamento da fala.

Sérgio Laia retoma uma das funções do pagamento apresentadas por Freud: "(...) pagar para tratar o sintoma acabaria sendo um modo de desgastá-lo libidinalmente".[3] Considerando o desgaste como uma

2. CAMARGO, M. B. de. Gratuidade – algumas considerações. *Entrevários*, nº 01– Primeira Conversação da Clínica da Ansiedade, nov., 2007, p. 132.
3. LAIA, S. Dinero, gratuidad y psicoanalisis. *Colofón – El dinero: la subversión lacaniana. Boletin de la Federación Internacional de Bibliotecas de la Orientación Lacaniana*, n. 34, 2014, p. 41.

operação de extração de gozo, neste caso, o efeito destes manejos teria função de pagamento.

Por outro lado, estes manejos parecem inaugurar um segundo tempo na temporada das faltas, em que suas ausências e presenças passam a ser acompanhadas de um discurso marcado pelo poder dizer não à demanda do Outro. É como se, de algum modo, Ana Carolina nos dissesse de um poder faltar ao Outro, poder extrair-se do campo do Outro como objeto. Cabe questionarmos de qual lugar ela produz este discurso. Do lugar de alicerce onde ela imaginariamente tem o que falta ao Outro, fazendo-se objeto; ou do lugar de quem não pode estruturalmente tudo dar, nem tudo ter, ou seja, do lugar de um sujeito barrado.

Jacques Lacan nos ensina que "(...) a transferência tem sempre o mesmo sentido, de indicar os momentos de errância e também de orientação do analista".[4] Retomemos esta indicação. Na 6ª sessão, um lapso da paciente marcará o significante da transferência. O sujeito troca o nome da praticante, "Ana Maria", pelo seu próprio nome "Ana Carolina". Este dado e as mensagens das férias, dotadas de agradecimento, configurariam na transferência a série praticante-ajudante, que, tal como um espelho, vê o que ela precisa.

Ainda sob a ótica da transferência, cabe questionarmos sobre se a intervenção *"sim, venha na sessão"* teve para a paciente *status* de demanda. A paciente falta para não dar o que o Outro-praticante pedir-lhe-ia? Nesta hipótese, a falta gratuita faz-lhe não faltar nada, uma vez que goza de ter o que imaginariamente faltaria ao Outro, sua presença. Ou, muito pelo contrário, ir falar na sessão, seu espaço, seria consentir com a perda de algum gozo, e disso retira-se?

Iordan Gurgel comenta uma passagem de Lacan, do Seminário 2: "O valor do pagamento 'tem como função amortizar algo infinitamente mais perigoso que o pagar com dinheiro: dever algo a alguém'. (...) o analista não está aí por amor, ideal ou em posição de sacrifício (...)".[5]

4. LACAN, J. Intervenção sobre a transferência. In: *Escritos*. Rio de Janeiro: Jorge Zahar, 1998, p. 225. (Trabalho original publicado em 1951).
5. GURGEL, I. Dinero: el significante más aniquilador... *Colofón – El dinero: la subversión lacaniana. Boletin de la Federación Internacional de Bibliotecas de la Orientación*

Seria o agradecimento a expressão de uma dívida à "ajuda" que coloca em poder da praticante? Neste caso, a gratuidade levar-nos-ia à contramão do trabalho analítico e o pagamento poderia exercer um papel regulador. Ao final de suas sessões pelo CLIN-a, Ana Carolina quer pagar para continuar e esta demanda é acolhida.

Em sua última sessão, conta tranquilamente que alugou uma nova casa, menor. É uma casa que separa um espaço para o casamento, outro para as filhas e um mais só para si. Uma casa que, em sua essência pequena, mas espaçosa, não deixa calar o estranho sentir-se só que a habita.

Na onda da casa menor, onde perdem-se alguns quartos, a praticante aposta na perda de algo mais, também no espaço da sessão: o pagamento. No entanto, apesar do preço da sessão nunca ter sido estipulado, a paciente cancela por mensagem o seu retorno, alegando não ter dinheiro para prosseguir, devido aos gastos com a nova casa. Ter uma casa menor já estava custando-lhe caro demais.

Lacaniana, n. 34, 2014, p. 46.

Tempo lógico, duração limitada

Gustavo Oliveira Menezes

Freud assinalava que o analista deve comportar-se como o inconsciente, de maneira *atemporal*, e que, com a prática, poderia propor encurtar a duração de um tratamento para assim "(...) superar progressivamente a atemporalidade do inconsciente".[1] Se Freud sustentava a ideia de que o inconsciente não conhece o tempo, deparando-se com o impasse provocado pela análise interminável, Lacan apontará um final e colocará especial atenção para a dimensão do tempo que progride, mas também retroage.

O inconsciente está em tudo aquilo que tropeça, como o ato falho, acontecimento imprevisto e inacessível à função do tempo. Dessa fenda, produz-se um achado o qual o sujeito recebe como uma surpresa, e é por ela ultrapassado, "(...) instaurando a dimensão da perda"[2] que será ligado ao desejo. Parte-se do inconsciente estruturado como uma linguagem ao inconsciente que "(...) se manifesta sempre como o que vacila num corte do sujeito",[3] da ordem do que insiste, se repete, mas também do que emerge, pulsa, se encontra.

Na análise do Homem dos Lobos, Freud questiona-se constantemente sobre os efeitos retroativos das lembranças infantis, efeitos *a*

1. FREUD, S. História de uma neurose infantil ("O homem dos lobos"). In: *Obras completas.* (Vol. XIV). São Paulo: Companhia das Letras, 2010, p. 18. (Trabalho original publicado em 1918[1914]).
2. LACAN, J. *O Seminário, livro 11:* Os quatro conceitos fundamentais da psicanálise. Rio de Janeiro: Jorge Zahar, 1985, p. 30. (Trabalho original publicado em 1964).
3. Idem, ibidem, p. 32.

posteriori,[4] que ignoram as fases temporais. É a noção freudiana de "trauma", em que um "(...) acontecimento só é traumático em referência a outro anterior, ressignificado retroativamente",[5] fornecendo o aspecto atemporal do inconsciente. Lacan retoma esse *a posteriori* (*nactröglich*) para afirmar que Freud "(...) anula os *tempos para compreender* em prol dos *momentos de concluir*, que precipitam a meditação do sujeito rumo ao sentido a ser decidido do acontecimento original".[6] Tempo e sujeito são efeitos da estrutura significante.[7] É assim que Lacan associa o inconsciente ao tempo lógico: o inconsciente é o evasivo, mas localizado em uma estrutura temporal.[8]

Um problema de lógica

No novo sofisma[9], Lacan apresenta três modulações de tempo: o instante do olhar, o tempo para compreender e o momento de concluir. O diretor do presídio diz a três prisioneiros que possui três discos brancos e dois pretos. Sem saber qual disco ser-lhe-á atribuído, cada prisioneiro recebe um disco branco nas costas, impossibilitando, assim, sua visão. Aquele que primeiro descobrir qual cor carrega e fundamentar sua conclusão será libertado. Enquanto sujeitos de lógica pura, todos estão submetidos às mesmas condições. Há, portanto, três possibilidades: dois pretos e um branco; um preto e dois brancos; três brancos. Uma vez excluída a primeira possibilidade pela observação de todos – o *instante do olhar*, imediato, fugaz –, uma dúvida coloca-se por não ser suficiente a resolução do problema apenas pelos dados iniciais.

4. FREUD, 1918[1914]/2010, p. 63, nota de rodapé 18.
5. FERRARI, I., CALMON, A., TEIXEIRA, A. Semiologia da temporalidade e da espacialidade. In: CALDAS, H.; TEIXEIRA, A. (Orgs.). *Psicopatologia lacaniana*. Belo Horizonte: Autêntica, 2017, p. 175.
6. LACAN, J. Função e campo da fala e da linguagem em psicanálise. In: *Escritos*. Rio de Janeiro: Jorge Zahar, 1998, p. 258. (Trabalho original publicado em 1953).
7. MILLER, J-A. *Los usos del lapso*. Buenos Aires: Paidós, 2004, p. 386.
8. LACAN, 1964/1985, p. 36.
9. LACAN, J. O tempo lógico e a asserção de certeza antecipada: um novo sofisma. In: *Escritos*. Rio de Janeiro: Jorge Zahar, 1998. (Trabalho original publicado em 1945).

Neste *tempo para compreender*, Lacan dará todo valor ao que ele chama de *moções suspensas*, ou seja, os tempos de parada. Uma vez que se hesita em sair, demonstra-se aos demais que também duvida da própria cor. Muito mais do que a saída, é a *meditação* sobre o movimento e a espera do outro que determinam o juízo do sujeito. Ligados a uma duração incerta, não cronológica, estes movimentos e paradas são apresentados a partir de sua função e de sua reabsorção pelo tempo seguinte, demonstrando assim seu movimento lógico, essencialmente intersubjetivo. Portanto, a duração define-se por "(...) ter uma finalidade e de encontrar seu limite",[10] ou seja, cada um irá deparar-se com o *momento de concluir o tempo para compreender*,[11] o que pode reduzir-se a um *instante de olhar*.

Para se sair do problema, é preciso que haja então a precipitação de um movimento. Após diversas paradas, há o momento que se apressa para a saída, há uma certeza antecipada. Se no tempo para compreender tem-se a espera, a vacilação, no *momento de concluir* tem-se a urgência. Não há Outro que delimite tempo e espaço, deve-se concluir no *bom momento*, "(...) o atraso engendra o erro",[12] faz aparecer a angústia. Temos, assim, a estrutura do tempo lógico: é na pressa – que leva à asserção sobre si – que se atinge a verdade, da qual se elabora um saber.[13]

O "(...) juízo assertivo manifesta-se aqui por um *ato*"[14] singular, o qual antecipa sua certeza. O momento de concluir depende do ato, desencadeado no topo da tensão temporal. A conclusão, portanto, advém do avanço sobre uma "zona onde o saber falta"[15] – o que para Miller indica uma dinâmica temporal de S(A), "mola propulsora do ato"[16] – separando o sujeito da relação de reciprocidade e do jogo

10. SOUTO, S. O tempo lógico... *Opção lacaniana*, n. 74, 2016, p. 20.
11. LACAN, 1945/1998, p. 211.
12. MILLER, 2004, p. 348.
13. BRODSKY, G. *Short story*: os princípios do ato analítico. Rio de Janeiro: Contra Capa, 2004, p. 110.
14. LACAN, 1945/1998, p. 208.
15. SOUTO, 2016, p. 21.
16. MILLER, 2004, p. 371.

subjetivo com os outros, para assim, sozinho, precipitar-se no ato de sair antes que o façam.

O diretor do presídio é esse observador indeterminado, Outro que comporta os dados de estrutura e está ali para afirmar a conclusão correta. Assim como o analista, supõe-se que ele fornecerá as "(...) interpretações, verdadeiros índices sobre a cor do meu disco"[17]. Para se resolver o sofisma, é preciso que haja transferência. O que sustenta o processo lógico de cada um dos prisioneiros é o sujeito suposto saber.

Transferência, tempo da análise

O caráter atemporal do inconsciente é referente ao sujeito suposto saber, ele "(...) resulta da temporalidade da experiência analítica"[18]. Se o analista, em seu discurso, faz parte do conceito de inconsciente, é porque o sujeito suposto saber é o suporte da transferência. Lacan tenta estabelecer uma relação do significante – que representa o sujeito para outro significante – com o gozo, com a incidência do objeto *a*. "É no tempo, definido no duplo sentido cronológico e topológico da eclosão do amor de transferência, que se deve ler essa inversão que (...) faz a realização do desejo".[19] Por isso, espera-se que em uma análise se produza a falta-a-ser, na qual o sujeito tem que se reconhecer.

O manejo da experiência analítica depende sempre de diversas tensões temporais: a falta de tempo, a pressa para terminar, os cortes rápidos demais, a imprevisibilidade, a espera. As entrevistas preliminares são o momento em que se pode transformar os dados iniciais em um problema: há a passagem da certeza à suposição na entrada em análise. Definir o inconsciente a partir da transferência, ao tempo de sua decifração, enquanto saber suposto, é dizê-lo "(...) fundamentalmente e sempre a advir"[20]. A transferência "(...) é o tempo da

17. Idem, ibidem, p. 355.
18. MILLER, J-A. *A erótica do tempo*. Rio de Janeiro: Contra Capa, 2000, p. 29.
19. LACAN, J. *O Seminário, livro 8:* A transferência. Rio de Janeiro: Jorge Zahar, 2010, p. 89. (Trabalho original publicado em 1960-1961).
20. MILLER, J-A. O inconsciente a advir. *Opção lacaniana*, n. 79, 2018, p. 22.

análise",[21] portanto é preciso esperar. É na posição da espera que "(...) a experiência analítica instala o analista",[22] com o que Freud se deparou na análise do Homem dos Lobos: ao determinar um prazo para o término do tratamento, forçando assim uma "(...) pressão inexorável desse limite de tempo"[23], Freud crê no avanço da cura. Uma vez imposta a duração, não sem antes ter passado por certo período de tratamento, não poderíamos dizer que o efeito analítico só se deu *sob transferência*?

Segundo Miller, há uma oposição entre o tempo lógico, epistêmico, e o tempo libidinal, sendo este segundo o que se encontra sob o primeiro. Se o inconsciente não conhece o tempo, a libido o conhece. Amor, desejo e gozo conhecem a temporalidade. De um lado, o sujeito que evanesce na articulação significante, que tem uma inconsistência lógica, e, de outro, o objeto *a*, o qual tem certa duração, certa consistência. Por isso, sujeito e objeto se instalam de maneiras diferentes no tempo. Enquanto desregulador do tempo uniforme, o objeto *a* é o que se associa aos fenômenos de aceleração e desaceleração do tempo. No caso dos prisioneiros, Miller localiza o próprio disco como correlato ao objeto *a*. Não é simplesmente uma função significante, mas algo escondido que tem a estrutura do objeto *a*, o que faz com que a solução do problema seja *sob medida*.

Tempo e ato, decisivo no final do sofisma, são indissociáveis. Os atos criam o tempo: quando César atravessa o Rubicão, seu ato é esse corte que marca um antes e um depois. Sendo o sintoma aquilo que se repete, "(...) só há ato onde a cadeia significante falha".[24] Se não se pode predizer ou generalizar a duração das sessões, é porque a questão "(...) não é a duração, mas sim a imprevisibilidade".[25] Interpretar é da ordem da surpresa. A estrutura da transferência analítica, da direção do tratamento, depende do ato, sendo o verdadeiro ato aquele que "(...) tem

21. LACAN, J. *O Seminário, livro 1:* Os escritos técnicos de Freud. Rio de Janeiro: Jorge Zahar, 1983, p. 325. (Trabalho original publicado em 1953-1954).
22. MILLER, 2000, p. 35.
23. FREUD, 1918[1914]/2010, p. 19.
24. BRODSKY, 2004, p. 37.
25. Idem, ibidem, p. 186.

lugar por um dizer, e pelo qual modifica o sujeito".[26] Em todo ato analítico o sujeito está incluído, assim como o objeto causa de seu desejo.

O sofisma dos prisioneiros destaca uma clivagem: para concluir de maneira confirmada é preciso concluir antecipadamente, ou seja, sua validação é retroativa. Somente após a exploração da estrutura significante do Outro, "(...) antecipo que minha conclusão será validada pela minha própria conclusão, através da premissa".[27] A pressa em concluir vem suprir a falta no significante, o que lhe confere o estatuto de objeto *a*. É o momento único em que, nas palavras de Freud, o leão salta.

Tempo e Duração

A proposta lacaniana é pensar a sessão sob o aspecto lógico do tempo, ligada a um ato e separada da duração. A sessão analítica estabelece uma relação ao inconsciente atemporal ali atualizado a partir de um ponto de basta, diferenciando-se do tempo homogêneo. Uma vez que o analisante apresenta-se em seu tempo singular e subjetivo, este se subtrai do lapso de tempo que é a sessão.[28]

Miller destaca a cautela de Lacan no uso dos termos: há uma diferença entre tempo lógico e duração *psicológica*.[29] A sessão considerada apenas do lado de sua duração está submetida ao *standard*, à regulamentação da quantidade, do esperado, do tempo do Outro. Mas o tempo, na perspectiva de Lacan, não se define pelo relógio nem pelas qualidades psicológicas. O essencial é aquilo que "(...) circula precisamente entre o tempo lógico e a duração, [e] termina sempre por mostrar como o tempo lógico é susceptível de anular a duração"[30]: *mais um instante* e o outro sairia antes. A questão de quanto tempo se tem é fundamental.

26. LACAN, J. O ato psicanalítico. In: *Outros escritos*. Rio de Janeiro: Jorge Zahar, 2003, p. 371. (Trabalho original publicado em 1969).
27. MILLER, 2004, p. 394.
28. MILLER, 2000, p. 49.
29. MILLER, 2004, p. 280.
30. Idem, ibidem, p. 331.

Isso é válido também para se pensar o tratamento com fim pré-determinado. Cláusula II do *Termo de compromisso*[31]: "o tratamento analítico tem duração limitada a, no máximo, seis meses". Lidamos com uma clínica de duração limitada, mas, orientados pela psicanálise lacaniana, cada sessão implica o instante de ver, o tempo de compreender e o momento de concluir. Não podemos perder de vista que aquele que recebemos pode escolher nunca sair da prisão. Enquanto praticantes, deveríamos fazer como Freud e precipitar a meditação do sujeito? Durante as primeiras entrevistas um paciente pode se dar conta e dizer: "tenho poucos meses, é melhor me apressar!". O tempo corre e chega sempre no momento de concluir, de uma maneira ou de outra.

31. O autor faz aqui referência ao "Termo de compromisso", documento entregue aos pacientes atendidos na clínica do CLIN-a relativo às normas de funcionamento do dispositivo. Ao assinar, concorda-se em seguir as condições de atendimento: duração de até, no máximo, seis meses, gratuidade, limite de faltas, ser objeto de pesquisa.

Tempo limitado e direito ao sintoma

Gabriela Malvezzi do Amaral

> *O tempo limitado é para que surja a questão do sujeito. Surge, surge, não surge, não surge.*[1]

Na leitura muito especial que Jacques Lacan faz do quadro *Las Meninas*, de Velázquez,[2] o pintor estar retratado no meio do que pinta, trabalhando em uma tela que vemos virada, é o ponto ao redor do qual importa articular o valor do quadro.[3] Fazendo um recorte dos desenvolvimentos de Lacan: isso nos leva para dentro, nos enquadra – com a ajuda de personagens que olham quem olha para o quadro. O resultado é um efeito de quadro dentro do quadro que se perpetua, causando uma perda a cada volta. Jacques-Alain Miller[4] aponta que todo caso clínico, em psicanálise, deveria ter a estrutura de *Las Meninas*. Daí, extraio que, em um quadro clínico, há mais do que a perspectiva do paciente.

Relaciono a prática na clínica do CLIN-a a esse apontamento, pois um atendimento ser realizado nessa instituição determina, igualmente, a pintura. Além do que está envolvido nas particularidades da clínica (tempo limitado e gratuidade, por exemplo), existe algo que percebi somente estando na posição de escrever este texto: ele

1. GUARDADO, C. M. R. Conversação – Tema 1: Acolhimento. *Entrevários*, n. 1, 2007, p. 97.
2. Há uma imagem do quadro no site do Museo del Prado. Cf.: <https://www.museodelprado.es/coleccion/obra-de-arte/las-meninas/9fdc7800-9ade-48b0-ab8b-edee94ea877f>.
3. LACAN, J. *O Seminário, livro 13:* O objeto da psicanálise (1965-1966). Inédito.
4. MILLER, J-A. *Falar com o corpo. Conclusão do PIPOL V.* 2011. Disponível em: <http://www.enapol.com/pt/template.php?file=Argumento/Conclusion-de-PIPOL-V_Jacques-Alain-Miller.html>. Acesso em: 31 de maio de 2019.

começou a ser construído antes da concepção do livro. O caso que aqui se desdobra foi levado ao meu grupo no Seminário Clínico, tratado em supervisão oferecida aos praticantes da clínica, articulado a discussões de nossa Conversação.[5] No seu desenvolvimento, há efeitos e elementos que só são passíveis de estar aqui – e precisam – por se tratar de uma prática enlaçada ao Seminário Clínico, na instituição da qual tratamos nesta publicação.

Sofrimento e aposta

Era nítido que F. buscava o CLIN-a levada por um sofrimento do qual queria se livrar: sentia-se sozinha. Fica ainda mais triste quando seu gato, deixado sob seus cuidados e de seu pai, morre assim que sua mãe faz a primeira de longas viagens a trabalho. F. toma uma fala da mãe como verdade: se ela estivesse em casa, o gato estaria vivo – incluindo a ambiguidade do "ela". Localiza que, aí, o "sozinha" tornou-se insuportável.

Retorna semanalmente para contar sua história e queixar-se. Está se graduando em um curso escolhido não sabe como e foi indicada para um trabalho no qual não vê futuro – pretende pensar nisso ao terminar a faculdade. Fala a partir de uma posição pouco interessada com o que lhe passa, de onde outorga ao outro a responsabilidade do que lhe ocorre – menos a morte do gato.

"*O que faço?*" – dirige à praticante em várias ocasiões e, ao ser questionada sobre o que acha, "*meu namorado disse que...*", "*minha mãe disse...*", "*meu amigo...*" são suas respostas. Outro artifício: passa horas diárias assistindo a vídeos no YouTube[6], nos quais pessoas comentam sobre relacionamentos. "*As perguntas deles podem ser as minhas, aí vejo a opinião deles, se posso fazer igual*" e emenda: "*Isso é ruim?*". Quero

5. Ocorrida em 07 de dezembro de 2018, no CLIN-a, transcrita e estabelecida na presente publicação.
6. O YouTube ("*tube*", em inglês, uma gíria para "televisão"), criado em 2005, é um *site* composto de canais que contém vídeos compartilhados por seus próprios usuários. Alguns usuários tornaram-se populares ao produzir vídeos onde aparecem falando diretamente a quem os assiste.

saber o que ela acha e diz que pode ser porque o outro, do vídeo, "nem a conhece"; uma solução falha.

Pensa em afastar-se de uns amigos que não lhe deram opinião sobre um problema. Novamente, o furo no Outro a deixa sozinha. Uma aposta: *"E você segue vindo para cá, onde não te digo o que fazer... Por que será?"*.

Insustentável leveza

Aos 21 anos, dorme pelas manhãs, trabalha em algumas tardes, vai à faculdade à noite e mantém-se acordada nas madrugadas, assistindo aos vídeos. Nos finais-de-semana, festas e muito álcool ganham o espaço da noite e o dia serve para descansar, usar redes sociais e o YouTube. É, de fato, uma moça dos tempos da inexistência do Outro... Por mais que reclamasse respostas do Outro, o que havia era suposição de nada. F. acompanhava o que havia de senso comum em sua fala e quando dizia algo mais do que intencionava, contornava. Associava livremente e tropeçava recusando uma significação qualquer: *"falei errado"*, *"não foi o que quis dizer"*, *"não tem nada a ver"*. YouTube e muita balada e álcool a ocupam de tal forma a manter o vazio afastado e o engano sobre a presença do Outro, para suportar sua ausência de garantias.

Trago Éric Laurent[7] para pensar que no movimento contemporâneo há uma espécie de hedonismo em massa que faz desaparecer a particularidade do sintoma. Enquanto fica-se igual frente a objetos e fantasias prontos para serem consumidos, frente ao Outro social com respostas prontas, à psicanálise importa a singularidade do caminho que é próprio ao sujeito. Há um lado do sintoma que é pedaço de nós mesmos e reconhecê-lo como "meu", dá acesso ao "Outro em mim".[8] O sintoma é o "(...) modo pelo qual cada um goza do inconsciente, já que o inconsciente o determina".[9] Em um tratamento onde

7. LAURENT, É. A sociedade do sintoma. In: *A sociedade do sintoma. A psicanálise, hoje*. Rio de Janeiro: Contra Capa Livraria, 2007.
8. Idem, ibidem, p. 174.
9. Idem, ibidem.

transferência e saber estão enodados,[10] há suposição de um saber inconsciente e de um sujeito para esse saber.[11] Se é no vazio que vamos buscar o sujeito, o que fazer quando não há espaço para ele surgir?

O tempo passava e F. seguia interessada na finalidade, não na causalidade, sem gerar interrogações que apontassem para si. Era preciso produzir sentido para, então, operar com ele; para que algo que ficasse de fora começasse a ser questionado. A praticante persistia em intervenções que apontavam o engano e a não-implicação, tendo como perspectiva o enigma, já que o desejo inconsciente é uma proteção contra o imperativo do gozo.[12]

Inaugura-se, então, um incômodo com o que ela chama de falta de interesse por muita coisa. Sair com amigos do namorado passa a ser embaraçoso já que conversam entre si e ela *"não consigo"*, *"não tenho opiniões"*. Passa a negar essas saídas e o namorado resolve acompanhá-la nas suas. F. não sabe se quer que ele vá porque se ele decidir ir embora cedo, ela terá que ir junto. *"Tô sendo contraditória, né? É que eu não sei o que pode acontecer se eu não for"*. Se eu não for: *"contraditória"* e *"ir embora junto"*. Um deslize para uma suposição.

Uma sessão

Pede para remarcar algumas sessões. Por mensagem de texto, quer interromper. Aceita ir em uma sessão para falar sobre isso. Impaciente, diz que não está funcionando porque quando chega em uma pergunta, não dou resposta e ela "não consegue" pensar sozinha. Na infância, foi em uma psicóloga que dava conselhos em longas sessões. Considera buscar um psicólogo pago. Aponto que, na sala, sequer tenho relógio e pergunto se ela gostaria de vir duas vezes por semana. Em seu caso,

10. LACAN, J. Proposição de 9 de outubro de 1967. In: *Outros escritos*. (Tradução de Vera Ribeiro). Rio de Janeiro: Jorge Zahar, 2003. (Trabalho original publicado em 1967).
11. TENDLARZ, S. E. Sujeito suposto saber. In: *Scilicet: semblantes e sinthoma*. São Paulo: Escola Brasileira de Psicanálise, 2009.
12. MILLER, D. Desejo. In: *Scilicet: A ordem simbólica no século XXI*. Belo Horizonte: Scriptum, 2001.

parece que um tratamento gratuito é, de fato, o indicado, por desordenar a lógica de consumo, na qual pagar garante respostas.

Segue contando que não se sente valorizada no trabalho, onde não recebe por hora extra. Volto ao tratamento gratuito, mas nesse ponto, me questionando se concordar com a busca por um profissional pago não seria o melhor manejo. Ela acaba de relacionar pagamento a um valor necessário para trabalhar, o que me parece colocar o gratuito ao lado da desvalorização.

O tempo limitado e a gratuidade tomam minha atenção quando a escuto dizer sentir que o namorado não a valoriza, já que reclama, que se irrita com tudo e direciona a ele o que deveria recair sobre outros. Nesse ponto, me surpreende a irritação que está mostrando como afeto em sessão. Intervenho apontando o curioso de como é natural que ela direcione ao namorado essa irritação, cobrando-o que a escute, enquanto essa é a primeira vez que a irritação aparece em sessão. A isso deu-se uma quebra de sentido – *"É verdade! Eu posso ficar irritada aqui, né?"* – e desata a falar de brigas com ele por situações nas quais ela tem soluções e não as aplica com o propósito de que ele as resolva. Foi uma retificação valiosa para a instalação da transferência: encerro a sessão perguntando o que fará com o horário da semana seguinte e F. diz que seguirá no tratamento.

Querer pensar

F. falta após meu retorno de férias. Pelo acordo com o CLIN-a, restava menos de um mês de atendimento e, dada a incipiente instalação da transferência, eu me preocupava em como fazer o encerramento.

Na sessão seguinte, conta que o namorado terminou o relacionamento. Ela já vinha trazendo a suspeita de um término e não queria que essa fosse a solução. No entanto, diz estar bem, pois há rapazes interessados nela, o que *"faz bem para o ego"*. A animação começa a dar lugar à irritação quando fala de um encontro com o ex-namorado no novo apartamento dele. Ele a presenteia com um cobertor, já que ela não gostava do que usava na casa de seus pais.

– *"Um cobertor, você acredita?! Só isso!"*

– *"É, não acredito... Ele dá um cobertor para você ter na casa nova dele e você acha ruim?"*

– *"Queria que ele me desse flores, chocolates..."*

As respostas prontas do YouTube me vêm e minha intervenção é um olhar de perplexidade. F. começa a chorar muito... Pergunto o que houve, se pensava em algo, e ela diz: *"Que quero começar a pensar no que estou pensando"*.

Sou surpreendida com o que entendo ser um endereçamento de uma demanda de análise. Uma interrogação implicada sobre a posição mantida até então, uma queixa deslocada. Pega por sua divisão, F. abre espaço para consentimento àquilo que do sintoma é pedaço dela mesma, para alojar esse sintoma em um novo espaço subjetivo.

Este é um momento muito preciso e ocorre me servir do tempo de atendimento limitado pela instituição para flagrar esse instante e relançá-lo. Marco a virada do que acabou de dizer, a diferença que há entre colocar aquela questão para si mesma no lugar das perguntas dirigidas aos outros. Digo que aquele é um pedido importante e que ela deve seguir na investigação sobre isso, em um percurso outro, sem tempo determinado, no qual possa construir suas próprias respostas. Assim, encerro o atendimento no CLIN-a. F. pergunta se poderia seguir comigo e o tratamento tem continuidade no consultório.

Brevemente...

Uma orientação de Lacan: o psicanalista certamente dirige o tratamento, mas não dirige o paciente. Ele é menos livre em sua estratégia – o manejo da transferência – que em sua tática – a interpretação. E menos livre, ainda, na política – ligada ao desejo do analista[13]. Relaciono a isso a intervenção de Cássia Guardado na primeira Conversação do CLIN-a, em 2005, com a qual abri este texto. Por mais que o modelo da clínica

13. LACAN, J. A direção do tratamento e os princípios de seu poder. In: *Escritos*. Rio de Janeiro: Jorge Zahar, 1998. (Trabalho original publicado em 1958).

tenha sofrido transformações ao longo dos anos, entendo que seguimos ofertando "(...) uma experiência que o sujeito quer ou não quer"[14]. Se quiser, é uma experiência a partir da qual o sujeito pode – e, agora, uma fala de Angelina Harari na mesma Conversação – "adquirir o direito de ter um sintoma".[15]

14. GUARDADO, 2007, p. 97.
15. HARARI, A. Conversação – Tema 3: Pagamento. *Entrevários*, n. 1, 2007.

Efeitos na formação analítica:
de qual sujeito se trata em supervisão?

Eliana Machado Figueiredo
Rosangela Aparecida dos Santos

Não existe formação do psicanalista, existem apenas formações do Inconsciente.[1]

Não podemos deixar de considerar a importância, desde Freud, e mantida pela orientação lacaniana, de que partimos sempre da prática, ancorada no tripé freudiano. Então, como pensar os efeitos da supervisão na formação do analista, a partir da prática da psicanálise aplicada na clínica do CLIN-a? Eis uma provocação que nos convida a pensar o lugar do praticante, e o lugar da supervisão e seus efeitos, na formação do analista.

Fazer uso da supervisão oferecida pela instituição, em certa medida, causa um mal-estar, uma inibição. Por quê? Em que medida a possibilidade de supervisionar o que se faz, passar pelo controle, é motivo de evitação para alguns?

Ao usarmos como referência o nó borromeano, sabemos que a inibição está no arco imaginário, e é fruto do embaraço do sujeito com um sentido particular que o amarra. O que nos faria pensar que, para alguns, talvez esteja em cena um "ser vigiado", entendendo o praticante que certa verificação do que se faz na prática estaria em jogo; e está, em

1. MILLER, J-A. A confidência dos supervisores. *Opção Lacaniana – Revista Brasileira Internacional de Psicanálise*, n. 35, 2003. p. 74.

certa medida, como nos esclarece Laurent: não de forma superegoica, mas num "prestar contas a um terceiro".[2]

Se, na condução de um tratamento, estamos na posição de objeto, e na supervisão estamos ali como sujeito, sabemos que algo da subjetividade do praticante será tocado e cabe a cada um saber fazer com isso e localizar em que ponto está em sua análise.

Ainda neste tema, Lacan, ao ser procurado para controlar casos de autistas, que têm dificuldades em dizer as palavras, palavras que têm um peso para eles, encoraja o analista a seguir seu movimento.[3] A supervisão, para ele, não quer dizer que se controla alguma coisa.

Ainda em 1975, Lacan, nas *Conferências e entrevistas nas universidades norte-americanas*,[4] disse:

> Não sei porque chamaram isso de supervisão. É uma superaudição. Quero dizer que é muito surpreendente que se possa, ao ouvir o que lhes contou um praticante, é surpreendente que, através do que ele lhes diz, se possa ter uma representação daquele que está em análise (...). É uma nova dimensão.

A dimensão do ato analítico, poderíamos dizer.

O supervisor está mais livre na sua ação do que o analista.

Aqui a fala do supervisor pode provocar o praticante, produzindo efeitos na sua subjetividade e ética, introduzindo-o no ato analítico.

Neste trabalho queremos debruçar-nos e pensar sobre o que parece ser uma linha tênue que separa supervisão e análise.

Uma supervisão de poucos minutos, suficiente para deslocar a praticante da cadeira, instante entre sentar e levantar, provoca um mal-estar no corpo, que faz a praticante se perguntar, "afinal, o que foi isso?". Noutra oportunidade, a supervisora aproxima-se da praticante com sua cadeira. Ali onde havia uma questão diagnóstica num caso

2. LAURENT, É. Sobre o bom uso da supervisão. *Correio – Revista da Escola Brasileira de Psicanálise*, n. 73, 2013. p. 18.

3. LACAN, J. Conférences et entretiens dans des universités nord-américaines. *Scilicet*, n. 6-7, 1975.

4. LACAN, 1975, p. 42 apud LAURENT, 2013, p. 25.

infantil, ela sinaliza que não se tratava de recuar diante do caso e era necessário aproximar-se para poder ver mais de perto. Em ambos os casos, a inquietação terá seu lugar na análise, lugar que pode acolher, sem apagar, os efeitos da supervisão sobre o praticante.

Levamos também para supervisão a "(...) própria posição subjetiva em relação ao sujeito do qual se fala",[5] eis aí os efeitos de formação. Podemos pensar então que a supervisão estaria sobre a barra e os significantes que surgem buscam uma formalização, o que pode dar uma orientação ao caso clínico. É uma orientação, digamos, a partir daquilo que cai, do que somos fisgados, e por aquilo que o supervisor fisga do que está abaixo da barra, algo do sintoma do praticante, um ponto de cegueira, um ponto obscuro que o impede em seu ato, ato do analista.

Supervisão
Análise

Guèguen ainda afirma que a eficácia da supervisão não reside tanto na transmissão de saber, mas na leitura da posição subjetiva.[6] Se, na medicina, o equipamento médico deve estar calibrado para se ter um ato médico, para o praticante, ele mesmo é o próprio instrumento de trabalho. Como não estamos livres do sintoma, nosso ato deve estar bem calibrado, afinado, digamos assim, com o desejo do analista, desejo de levar uma análise até seu termo, sem o qual não se pode conduzir uma análise. Logo a supervisão torna-se "(...) condição *sine qua non* da boa prática analítica",[7] fazendo emergir no encontro com a clínica a falta e o saber descompleto.

Se há uma linha tênue entre análise e supervisão, se podemos confundir uma com outra, quais as formas em que se pode pensar a natureza do que se faz na análise e na supervisão?

5. GUÈGUEN, P-G. Como Lacan e a orientação lacaniana marcaram e diferenciaram sua prática da supervisão? Entrevista. *Correio – Revista da Escola Brasileira de Psicanálise*, n. 73, 2013. p. 12.
6. Idem, ibidem, p. 12.
7. CAMPOS, S. Por que a supervisão? *Correio – Revista da Escola Brasileira de Psicanálise. O corpo falante. Analisar o parlêtre*, n. 77, 2015, p. 86.

Quando estamos ultrapassados pelo ato, estamos ali como sujeito.

Na análise, conduzimos o trabalho no lugar de objeto, e quando vamos para supervisão, levamos nossa posição de sujeito.

Seguindo com Laurent, ele nos diz:

> Para ser contemporânea, a supervisão deve ter integrado a aporia do ato analítico. Esse é o ponto a que Lacan visava em seu 'Discurso na EFP'. 'Isso é diferente de supervisionar um 'caso': um sujeito (...) ultrapassado por seu ato, o que não é nada, mas que, quando ultrapassa seu ato, cria a incapacidade que vemos cobrir de flores o canteiro dos psicanalistas'. Lacan reconhece inicialmente a função do controle: 'é controlar um sujeito cujo ato o ultrapassa'. Ele acrescenta: 'o que não é nada' – isso existe, é o trabalho, o fazemos, a questão não é essa. A questão é a do sujeito que vai além de seu ato, ou seja, aquele que acredita ser o mestre de seu ato, aquele que dá de esperto, revestindo o ato com o seu narcisismo e que, ao invés de apreender a dimensão do desejo em jogo, quer reduzir isso a um saber, até mesmo a um saber-fazer, o qual ele deteria.[8]

Romildo do Rêgo Barros acompanha essa ideia quando diz que a finalidade da supervisão pode ser observada quando o sujeito surge ao ter colocado seu ato em questão:

> Na supervisão, quando o ato é colocado em questão, o analista surge como sujeito (...). Assim, a supervisão ajuda a localizar as vacilações de um sujeito que se põe a falar a um sujeito suposto saber sobre a sua posição de analista. A supervisão terá então a função, não de separar radicalmente o sujeito do objeto, mas de fazer ver a linha divisória entre os dois, delineando um litoral. Neste sentido, a supervisão ajuda a aumentar a eficiência do estilo do analista, que é uma transformação, por força do trabalho analítico, daquilo que foi originalmente uma relação inconfessável do sujeito com um certo objeto de gozo.[9]

8. LAURENT, É. Sobre o bom uso da supervisão. *Correio – Revista da Escola Brasileira de Psicanálise*, n. 73, 2013. p. 25.
9. RÊGO BARROS, R. Alguns pontos para uma discussão sobre a prática da supervisão. *Revista Latusa*, n. 29, 2000. p. 449.

No argumento do PIPOL V, podemos encontrar a função da supervisão na fala de Miller, quando ele nos esclarece:

> Estamos dentro do quadro clínico e não saberíamos abater nossa presença nem prescindir de seus efeitos. Tratamos, sem dúvida, de comprimir essa presença, de esmerilhar suas particularidades, de alcançar o universal do que chamamos o desejo do analista. E o controle, a prática do que se chama supervisão serve para isso: para lavar as escórias remanescentes que interferem no tratamento. Mas, a partir do momento que conseguimos apagar o que nos singulariza como sujeito, então é o analisante quem sonha; quem sonha conosco, seu interlocutor, com os rodeios de seu fantasma e com a identidade que atribui a esse interlocutor, que não saberiam não figurar no quadro. Em uma palavra, isso lhes obriga a pintar vocês mesmos no quadro clínico. É como Velázquez, ao representar a ele mesmo, com o pincel na mão, junto aos demais seres, com que povoa a tela As Meninas, o que é algo que produz desorientação.[10]

Podemos pensar, com Miller, sobre a importância da supervisão como construção do que leva o praticante à produção inconsciente de seu paciente, diferente da posição de objeto que ele ocupa ou deveria ocupar nas análises que dirige.

Ram Mandil nos orienta, também, quando diz:

> Sem desconsiderar a dimensão epistêmica do trabalho que ali se dá, a supervisão pode ser vista como um lugar em que o analista pode dar um tratamento ao engano que é de estrutura na experiência analítica, conferindo uma dignidade de real aos tropeços e embaraços que um caso suscita.[11]

Maria do Carmo Dias Batista, em entrevista a Mirta Zbrun, nos diz de três eixos presentes na supervisão, o eixo do olhar (Imaginário), o da escuta (Simbólico) e o dos efeitos (Real), concluindo que:

10. MILLER, J-A. *Falar com o corpo*: conclusão do Pipol V. (Tradução de Ilka Franco Ferrari). 2013. Disponível em: <http://www.enapol.com/pt/template.php?file=Argumento/Conclusion-de-PIPOL-V_Jacques-Alain-Miller.html>. Acesso em: 11 jul. 2019.
11. MANDIL, R. A. *Nota sobre a importância da prática da supervisão*: controle. 2014. Disponível em: <http://ampblog2006.blogspot.com/2014/04/ebp-grande-conversacao-da-escola-una.html>. Acesso em: 11 jul. 2019.

> Os efeitos da supervisão, ao entrelaçar real e ato, colocam em evidência a incompletude, a falha do supervisor, transmitindo algo de um saber-fazer, de um desejo e dessa própria falha. Possibilita, assim, que a dimensão do desejo do analista seja preservada de um lado e, pouco a pouco, construída do outro. O que não se faz sem a experiência analítica.[12]

Dessa forma, acreditamos que a experiência de supervisão contribui com a prática na clínica institucional, porque gera efeitos de formação no analista, quando algo da ignorância, da paixão do ser, algo do "eu não sei", pode aparecer na supervisão e ressoar na construção do caso clínico.

A apresentação do caso clínico supervisionado traz à tona o que foi essa experiência de supervisão para o praticante, apontando que não há um saber absoluto, seguindo a "(...) orientação lacaniana de saber não saber",[13] operar nessa via é não ficar livre de equívocos. Aqui temos a função do equívoco tanto na análise quanto na supervisão.

A experiência da supervisão aponta para a condução do caso, ou seja, a *episteme* e, concomitantemente, leva o supervisionando a construir o próprio estilo e, de acordo com Rômulo Ferreira da Silva, a "(...) confrontá-lo com o desejo do analista".[14]

Seguindo uma orientação dada por Cottet, quando "(...) o quadro exposto se mostra precário e confuso e a direção do tratamento incerta, é preciso privilegiar a intervenção sobre as coordenadas epistêmicas, que evidenciam a montagem pulsional do caso";[15] assim, a intervenção ocorre de forma indireta à subjetividade do analista, pela via do epistêmico. Intervindo mais na insuficiência da formação do que recomendando mais análise pessoal, como era nos anos 1960, quando se entendia

12. ZBRUN, M. Entrevista a Maria do Carmo Dias Batista. *Bibliô Entrevista – Boletim Eletrônico das Bibliotecas da EBP*, n. 8, 2014. p. 3. Disponível em: <https://www.ebp.org.br/adr/pdf/biblios/biblio_008_ent.pdf>. Acesso em: 11 jul. 2019.
13. SILVA, R. F. Lacan supervisor. *Opção Lacaniana – Revista Brasileira Internacional de Psicanálise*, n. 62, 2011, p. 157.
14. Idem, ibidem, p. 157.
15. SANTIAGO, J. A autonomia da supervisão em Serge Cottet. *Correio – Revista da Escola Brasileira de Psicanálise. O corpo falante. Analisar o parlêtre*, n. 77, 2015, p. 99.

que a estagnação e as dificuldades do tratamento eram resultado da resistência do analista. Aqui vemos novamente valorizado o tripé freudiano.

No Congresso da Associação Mundial de Psicanálise, realizado em Comandatuba em 2004, Éric Laurent apresentou na Assembleia Geral os "princípios diretores do ato analítico", sendo a supervisão o oitavo princípio. Laurent coloca a transmissão pragmática da prática das supervisões como uma conversação entre pares,[16] ou seja, uma conversa entre dois sujeitos, dois psicanalistas que conversam sobre a prática do praticante.

Podemos situar aqui os efeitos de formação que a supervisão possibilita para cada um naquilo que toca à sua prática, atualizando-o e na sua experiência de análise. Segundo Miller, a supervisão ressubjetiva o analista,[17] que, em seu ato, está na posição de objeto e na supervisão ocupa a posição de sujeito, por isso uma conversa entre pares.

A supervisão tocando nesses dois pontos, analista-ato e supervisão-sujeito, com Elisa Alvarenga podemos dizer que "(...) a supervisão é sob medida para cada um",[18] cabendo a cada um o desfrute de cada encontro.

A supervisão traz para a nossa prática a possibilidade de construção de um saber-fazer com o que não se sabe, tocando nos impasses epistêmicos sem deixar de fora os efeitos na subjetividade do praticante.

Para concluir com Mirta Zbrun, podemos dizer:

> A casuística proposta por Lacan no 'Ato de Fundação da Escola Freudiana de Paris' dedica-se ao estudo rigoroso e crítico da construção do relato do caso clínico. (...) Trata-se sempre do analista e de seu ser como falta-a-ser, de sua causa posta em cena no momento da supervisão. A transmissão do caso na supervisão terá, como toda construção, uma estrutura

16. LAURENT, É. *Principios rectores del acto analítico.* 2006. Disponível em: <http://ampblog2006.blogspot.com/2006/09/principios-rectores-del-acto-analtico.html> Acesso em: 11 jul. 2019.
17. MILLER, 2003, p. 237.
18. ALVARENGA, E. A supervisão: efeitos de formação. *Correio – Revista da Escola Brasileira de Psicanálise. O corpo falante. Analisar o parlêtre,* n. 77, 2015, p. 92.

que acompanha a estrutura da verdade, sempre como um meio-dizer, segundo a expressão de Lacan, pois, como diz J.-A. Miller 'um caso é um caso, se ele testemunha da incidência lógica de um dizer no dispositivo do tratamento e de sua orientação em direção ao tratamento de: um problema real, um problema libidinal, um problema de gozo'. (...) No relato do caso ao supervisor o analista-praticante fala do lugar de objeto *a* que ocupa no discurso analítico. Dessa forma, o caso, tal como relatado em supervisão, é um instrumento epistêmico da formação do analista, impulsiona o analista a investigar o diagnóstico, propor uma direção para o tratamento e dar conta de seu lugar na transferência. Na Orientação Lacaniana, a supervisão tem como finalidade movimentar o pouco que sabemos acerca do real. É fundamental para isso cernir o lugar e a função de objeto na experiência analítica. A função da supervisão é indagar se este fim foi alcançado (...).[19]

Por isso, tomamos Miller[20] ao analisar a breve intervenção de Lacan feita na EFP com a frase radical com que ele define a formação dos analistas: "Não há formação analítica, só há formações do inconsciente", priorizando a relação do sujeito com um ponto de não saber, com um saber que o ultrapassa, com algo que existe sem que o praticante o saiba, e que só aparece no engano do sujeito.

Laurent, em seu texto *Lógica e surpresas da supervisão na época do falasser (parlêtre)*,[21] nos diz que "Lacan partia do que funda o lugar do psicanalista, ou seja, a existência do Inconsciente, tal como Freud o descobriu". Acrescenta que há dois sentidos nessa frase: primeiro que "antes de mais nada, o analista deve se formar para compreender a

19. ZBRUN, M. Supervisão e casuística: diagnóstico e direção do tratamento. *Bibliô Referências – Boletim Eletrônico das Bibliotecas da EBP*, n. 8, 2014, p. 3. Disponível em: <https://www.ebp.org.br/adr/pdf/biblios/biblio_008_ent.pdf> Acesso em: 11 jul. 2019.
20. MILLER, 2003. Miller analisa a breve intervenção de Lacan feita na Escola Freudiana de Paris, em 3 de novembro de 1973, publicada nas *Lettres de l'École Freudienne de Paris*, sob o título "Intervention à l'EFP, le 3 novembre 1973".
21. Texto de circulação restrita, cedido pelo autor para o Curso Seminário "Escola-sujeito na perspectiva do ensino", proposto por Luiz Fernando Carrijo da Cunha, Diretor Geral da EBP, e oferecido aos membros da Escola Brasileira de Psicanálise, realizado no Rio de Janeiro, em 22 de novembro de 2018, no Hotel Windsor Barra.

retórica do inconsciente. Em segundo lugar, significa que ele deve utilizar-se das formações de seu próprio inconsciente e, portanto, acima de qualquer coisa, se analisar".

O convite para que cada praticante do Seminário Clínico possa utilizar-se da supervisão, como pedra a ser lapidada e ferramenta imprescindível para afinar a escuta analítica, surge como uma questão para cada um. Há, portanto, um esforço de cada praticante para inventar um estilo singular, a partir e na supervisão, entre dois, na teoria e prática clínica, revelando-se como prática única naquilo que há de entre vários.

Efeitos de supervisão:
equívocos, rinocerontes e entusiasmo

Janaina de Paula Costa Veríssimo

> *Parece-me que o entusiasmo não convém ao analista. (...) Não há nada pior do que o analista que vê em um analisando uma esperança, uma esperança para a psicanálise, uma esperança de êxito.*[1]

Efeito inaugural: a participante

A supervisão pertence às coisas de fineza em psicanálise,[2] aprendemos com Jacques-Alain Miller. Por isso, seus efeitos, muitas vezes, também finos e precisos, podem liberar algo do sinthoma do praticante e colocá-lo mais à vontade, ou, lacanianamente falando, mais autorizado frente ao próprio ato.[3]

Minha entrada, como participante, no Seminário Clínico, data de março de 2018, momento em que já vigorava a atual configuração do dispositivo. Sou acolhida em um pequeno grupo formado por duas coordenadoras, duas praticantes e uma participante.

1. MILLER, J-A. *Perspectivas dos Escritos e Outros Escritos – Entre desejo e gozo.* Rio de Janeiro: Jorge Zahar, 2011, p. 49.
2. Idem, ibidem.
3. LACAN, J. *O Seminário, livro 23:* O sinthoma. Rio de Janeiro: Jorge Zahar, 2007, p. 18. (Trabalho original publicado em 1975-1976).

As reuniões, sempre bastante calorosas e animadas pelos casos clínicos, tocavam em pontos inerentes à prática da psicanálise na instituição e também em algumas especificidades da clínica do CLIN-a – como a gratuidade e o tempo limitado dos tratamentos, mas não somente.

O funcionamento desse pequeno grupo permitiu, a cada encontro, que a lógica de trabalho, sustentada pela discussão dos casos clínicos, se articulasse com a teoria, a supervisão e, não menos, com as análises pessoais e seus efeitos de formação.

Em um dos nossos encontros, indago-me sobre o lugar do participante. Uma das coordenadoras responde pronta e precisamente: "*Você não é, você está participante*". Essa marcação acende a fagulha da transferência de trabalho e deixa clara a permutação possível e desejável dos lugares, assim como localiza a importância de um trabalho que leve em conta os elementos libidinais, não relegando o sintomático de cada um e seu saber fazer com isso.

Cada embaraço das praticantes, diante da construção do caso, era lido com cuidado. Da minha parte, havia claramente um interesse no trabalho da supervisão. O pequeno grupo era um espaço convidativo para se dar notícias sobre esses efeitos, pois, embora a relação com a causa analítica seja sempre da ordem da solidão, já que o ato é sempre de *um* analista, uma comunidade de trabalho pode servir de companhia neste percurso.

Foi, então, em um momento bastante profícuo da minha clínica, fora do CLIN-a, que recolho, de um impasse vivido por uma colega, o testemunho de um efeito de supervisão. A praticante relata que, diante das ameaças de abandono de um paciente do seu consultório, ela "*caía feito uma patinha*" – ela caía em angústia, repetindo uma resposta fantasmática, que a fazia demandar algo urgentemente na análise e na supervisão.

A participante, o rinoceronte e seus equívocos

A vivacidade com que os casos eram discutidos nesse pequeno grupo somava-se a uma leveza que não eliminava o rigor clínico. O embaraço podia ser acompanhado, muitas vezes, do riso, no lugar de um imperativo superegóico.

Assim, sob esses efeitos, dirijo-me à supervisão de um caso do consultório. Uma urgência precipitava a demanda de supervisionar o caso. Nas sessões, alguns significantes da paciente, como "cair", "jogar-se", "desmoronar" e "apagar-se" tomavam a cena, diante de cada ameaça de um desenlace em sua vida amorosa. Jogo-me diante da supervisora, munida de uma responsabilidade excessiva e ela me corta com uma posição não-toda.

Experimento uma des(orientação) que toca o corpo. Conforme Lacan nos alerta no *Seminário, livro 23*: *O sinthoma*: "É preciso que haja alguma coisa no significante que ressoe"[4] – efeitos que ressoem para além do sentido. Saio sem pagar pela supervisão. O ato da supervisora me coloca em intenso trabalho. Eu havia me visto como o próprio rinoceronte de Eugène Ionesco,[5] comicamente utilizado por Lacan, para figurar os supervisionandos que saem por aí fazendo mais ou menos qualquer coisa. Eu dava cabeçadas na urgência que retornava, para mim, como uma mensagem invertida – efeito de controle.[6] A precisão daquela resposta me lança no trabalho, sirvo-me do equívoco e remeto a questão à minha análise pessoal.

Nas divertidas palavras de Romildo do Rêgo Barros: "Para buscar uma analogia animal, o supervisor é comparável ao ornitorrinco, esse curioso animal australiano que dissimula sua condição de mamífero por detrás das aparências de um pato. A tal ponto que põe ovos, isto é, provoca efeitos no real".[7] Para alguém que se pretende orientar pelo ensino de Lacan, é imprescindível se desorientar de um ideal psicoterapêutico, de cura, que pode assombrar a clínica.

A meu ver, no caso mencionado, havia uma questão diagnóstica em jogo, seguida do temor de uma passagem ao ato. Uma dúvida sobre uma

4. LACAN, 2007, p. 18.
5. IONESCO, E. *O rinoceronte*. Rio de Janeiro: Nova Fronteira, 2015.
6. Ideia defendida por Rômulo Ferreira da Silva, em seu livro *A supervisão (controle) na formação do psicanalista*. Coleção BIP. Belo Horizonte: Relicário, 2019.
7. RÊGO BARROS, R. Confidências de um supervisor. *Opção Lacaniana*, n. 35, 2003, p. 51.

neurose grave ou uma possível psicose ordinária, levou-me ao pedido de supervisão. No entanto, o que se esclarece, em supervisões futuras, sobre o mesmo caso, é que essa paciente, "a mocinha atirada", precipita a praticante em uma urgência e advém daí, realmente, a demanda de supervisão. A paciente atua, na transferência, o par vida-morte, lançando uma ameaça de jogar-se de um andar alto do prédio onde trabalhava, já nas primeiras semanas de tratamento. *"A queda é da analista"*, me devolve precisamente a supervisora.

O embaraço, a responsabilidade excessiva diante do caso, diziam mais sobre o horror ao ato analítico do que exatamente a um não saber sobre o diagnóstico diferencial? Continuo recebendo essa moça em tratamento, porém, deslocada da posição da analista "pendurada" na angústia e na urgência. Uma tranquilidade, orientada pelo diagnóstico de uma histeria e pelo esclarecimento do lugar que ocupo na transferência, tem permitido que essa análise e, não menos minha formação, avancem.

A praticante e o entusiasmo: efeitos de supervisão

Após alguns meses na condição de participante do Seminário Clínico, sou convidada a receber o meu primeiro caso na clínica do CLIN-a. Trata-se de uma mulher de mais idade, a quem chamarei de Helena.

O curto tratamento é marcado por faltas e justificativas. Ela relata que já conhecia o CLIN-a da época dos atendimentos em grupo. Busca tratar, aqui, o mal-estar que perpassa seu relacionamento amoroso: *"ele é uma cruz que me pesa"*. Ao que acrescenta: *"mas não penso em me separar dele, sabe, já são muitos anos"*.

Segundo Helena, trata-se de uma parceria que dura há mais de três décadas. Conheceram-se, ainda estudantes universitários, após ela vivenciar uma *"desilusão amorosa"*. Revela que nunca *"morreu de amores"* pelo parceiro, mas se interessou pelo seu *"brilhantismo"*.

O casal teve apenas um filho. Assim como o pai, trata-se de alguém *"brilhante e determinado"*. Ao contrário dela que é *"errática"*. No momento em que este significante surge, já me coloco a questão: o que dessa errância pode se atualizar na transferência?

Quando falta à sessão, retorna queixando-se de estar *"xarope"*, *"sem ânimo"*, *"desacorçoada"*. Justifica-se em torno da realização dos exames para o controle do linfoma, diagnosticado e tratado no início dos anos 2000. Fala que o médico nomeia seu câncer, na época, como *"indolente"*, ao que ela completa: *"como tudo na minha vida"*.

A morosidade atravessa as entrevistas preliminares. A indolência está posta. Não há desejo decidido de saber sobre o próprio inconsciente e a analista precisa estar atenta para não sucumbir a uma esperança de êxito, para não cair de amores pelo caso, revelando algo do seu próprio entusiasmo, invertendo a lógica da demanda e do desejo.

Helena diz que andou pensando se não estaria *"tirando a vaga de alguém"* no CLIN-a, relata estar *"assistida"* em outra instituição psicanalítica que frequenta, com o trabalho em grupo. Digo-lhe que a vaga é sua. Indaga-me, então, sobre a possibilidade de vir quinzenalmente, menciona a proximidade das férias e respondo que podemos pensar sobre isso quando as férias realmente chegarem.

Dá-se, então, uma sequência de duas faltas consecutivas, comunicadas pela analisante. Quando retorna, Helena expressa seu desejo de interromper o tratamento, mas destaca que precisava vir pessoalmente dizer isso e agradecer.

Finaliza relatando sobre uma viagem que ela e o companheiro fizeram recentemente. De forma curiosa, queixa-se dele deixar a porta do banheiro cerrada, o que lhe desagrada. Diz-me, então, que pede para que o parceiro mantenha as portas abertas, ao que ele nem sempre atende.

Encerro a sessão dizendo que as portas do CLIN-a seguem abertas – caso ela deseje retornar, em algum momento, sabe onde nos encontrar. O significante *"errática"* aponta, sem dúvida, para seu modo de funcionar, o que dificilmente não se repetiria em análise.

Em supervisão, a praticante formula a seguinte questão: o que fazer com o entusiasmo na formação do analista? Mantê-lo mais atrelado à causa analítica do que ao caso clínico mostra-se fundamental.

A transferência de trabalho, apoiada em uma comunidade analítica de trabalho, complementa o tripé da formação. Por fim, estar advertida de que o entusiasmo não salva ninguém segue como uma questão em tratamento na análise pessoal.

Sigo recolhendo alguns efeitos de formação, a cada supervisão, o que me ajuda a refrescar a memória, pois como diria Hebe Tizio:

> Não se deve esquecer do rinoceronte que já fomos e do qual sempre restam os rastros. Graças ao canal *National Geographic*, aprendi muito sobre a vida sexual de animais variados, e também que os rinocerontes atacam às cegas guiados por suas orelhas...[8]

O caso de Helena ensina, conforme propôs Lacan, que cada analista conduz um tratamento até onde já caminhou sua própria análise. E, também, até onde cada analisante suporta e consente com a experiência do inconsciente.

8. TIZIO, H. Ocorre que, às vezes, um rinoceronte nos refresca a memória... *Opção Lacaniana*, n. 35, 2003, p. 58.

4. Sessão vapt-vupt

Esta seção se dedica a breves relatos, testemunhos de participantes ou praticantes do Seminário Clínico sobre os efeitos de formação recolhidos do encontro com a clínica psicanalítica no âmbito do Instituto.

Seminário Clínico:
um espaço de desejo

Aline E. M. Oliveira

Desejo de estar, de saber, de fazer entre outros a partir de um engajamento decidido, fruto de um consentimento pessoal. Costurando dizeres, ideias, marcas, vamos construindo um lugar de trabalho, de escuta, de troca. Por meio de vinhetas clínicas, citações literárias e relatos, buscamos "um mais além" do que pode ser dito sobre, afinal, o que é a psicanálise. Portadora de um inapreensível, como o morcego da fábula de Esopo, o que podemos dizer é sempre parcial. Ao longo das reuniões, colocamos em ato a transferência de trabalho que nos une, mantemos o saber em suspenso, incompleto, permeável às surpresas.

O sistema de orientação do morcego, assim como o do analista, repousa fundamentalmente na escuta. Os morcegos localizam-se a partir das ressonâncias de suas próprias "vozes" e, por a/caso, é o que faço a cada reunião. E, no tempo entre costuras, sigo perguntando-me sobre o lugar da psicanálise em nosso mundo.

A prática analítica e suas consequências

Aparecida Santa Clara Berlitz

Constato os efeitos da supervisão na sustentação de minha autorização para praticar a psicanálise. O supervisor pinça, na minha interpretação, um ponto de gozo do analisante e o que, desse ato, o conduz a falar.

A leitura de meu ato pelo supervisor toca em minha autorização como analista praticante, no desejo de posicionar-me frente à minha formação – meus estudos, a análise pessoal e o trabalho pela causa analítica.

Outro ponto desse percurso e seus efeitos toca na inibição frente à escrita. Com a reformulação do Seminário Clínico, há uma provocação em jogo: escrever os casos atendidos, comentar os casos dos colegas e escrever sobre a teoria relacionada aos temas discutidos.

Na condição de participante, o que o Seminário Clínico me traz

Eliane Pfeferman Erdman

No começo dos anos 2000, o CLIN-a deu início à Clínica para aqueles que buscavam por um atendimento analítico, tendo como modelo os CPCT de Paris. De lá para cá, várias mudanças ocorreram tanto no modo de atuação dos profissionais que atendem, quanto no acolhimento dos pacientes. A última deu-se no meio do último ano, para que os participantes se engajassem como praticantes (ou seja, atendessem pacientes do CLIN-a) ou participantes (frequentadores das reuniões dos pequenos grupos e das reuniões gerais).

Acredito que ser participante foi, para mim, um momento único. O Seminário Clínico está em permanente organização, não há ainda um formato definido; comparado com outras clínicas, há um responsabilizar-se, um servir-se do Outro.

Cada um tem o seu próprio percurso e cada um chegou aqui de diversas maneiras. No meu caso, como alguém que só assistia a discussões de caso ou teóricas e buscava não interagir, senti-me compelida a escrever. Acredito que responsabilizar-me por isso e me autorizar a escrever é a minha parte.

Brousse[1] aponta que, ao buscarmos uma análise, suspeitamos que algo ri, que algo está ali. Servir-se efetivamente do Outro para ver o que falha. Não vim buscar uma análise, mas uma complementariedade ao meu trabalho.

1. BROUSSE, M. H. Por que é que ele vem?. *Opção Lacaniana On Line*, n. 4, 2011.

Uma conversa *entrevários*

Heloisa S. Teixeira

(...) quando estamos menos presos à sua face histórica de sempre, coisas inesperadas acontecem na contingência dos encontros.[1]

Num encontro marcado, a palavra foi tomada *entrenós,* tecendo laços de um a outro, *entrevários.* Havia uma escrita de textos que trazíamos como saldo; restos recolhidos de uma experiência ao longo de 2 anos; desejo e entusiasmo de saber.

Na conversa, não havia tanto o Grande Outro, mas nos servimos dele. Conservamos a vacuidade!

A voz, o olhar, mesmo dos mais calados, reverberam através dos trabalhos, acolhidos um a um. O saldo de saber da experiência dos pequenos grupos aparece como efeito a partir do corte de um grupo maior que se fez partido, no lugar de causa, com vários modos de funcionamento.

Sem a suposição do sentido, como em ondas e saltos, ritmos e percussão, segue em aberto a incompletude do momento na história do CLIN-a.

1. VIEIRA, M. A. *A escrita do silêncio.* Rio de Janeiro: Subversos, 2018.

Para além da Instituição

Iris Tiemi Tiba

Da participação no Seminário Clínico, confirmo a importância da dialética entre os discursos, inclusive em psicanálise, diante da possibilidade de inserir o discurso psicanalítico – não na posição de mestre – em outras áreas do conhecimento e desvinculado de qualquer promessa de cura ou tratamento, como exercício de um *savoir-y-faire* para além do consultório ou da própria instituição de saúde mental. Assim, colho a experiência de criar meu próprio estilo na formação psicanalítica, aprendendo a encontrar o sujeito, no "lugar alpha", com a sabedoria da ignorância, estando certa de que, como ensina Éric Laurent a respeito do analista cidadão,[1] mais do que um lugar vazio, é o analista quem ajuda a civilização a respeitar a articulação entre normas e particularidades individuais.

1. LAURENT, É. "O analista cidadão". *Revista Curinga*, EBP – MG, n. 13, p. 7-13. set.1999. Disponível em: <http://minascomlacan.com.br/publicacoes/revista-curinga-13>, acesso em 6/5/2019.

Um breve relato de uma não tão breve experiência

Lilian Beiguelman

Quais efeitos pude perceber em minha formação com relação à nova configuração proposta pela coordenação do Seminário Clínico do CLIN-a, os pequenos grupos?

Penso que o pequeno grupo funcionou como espaço onde a confrontação entre um saber clínico *a priori* e a surpresa decorrente do encontro pôde ser discutida complementando a supervisão individual, onde há controle do ato.

O comprometimento com a instituição em realizar a construção e apresentação de casos clínicos em reunião geral impulsionou-me a experienciar, nesta clínica, um dispositivo movido não apenas pelo desejo do analista, mas também pelos laços que ali se formaram, oriundos da transferência de trabalho, diferentemente dos casos atendidos fora do dispositivo, como, por exemplo, no consultório particular.

A posição de coordenador no pequeno grupo

Mirmila Musse

A posição de *estar* – e não de ser – coordenadora de um dos pequenos grupos impõe, constantemente, questionamentos sobre este estatuto tanto na relação com os participantes, quanto com a instituição.

De um lado, esse modelo, inédito, flerta muitas vezes com o já conhecido, o cartel: a tentativa de transmissão da psicanálise pela via da transferência de trabalho, operando um discurso em que a palavra circule, sustentando um lugar de interrogação e orientando um tema comum: “a construção do caso clínico”. De outro, apresenta-se um apelo e uma insistência do coordenador no lugar de mestre, flertando com o discurso universitário e respondendo a efeitos imaginários do grupo.

São evidentes os efeitos de formação recolhidos nesse novo formato. Entretanto, é sabido que a formação de analistas não é coletiva, mas possível somente pela própria análise pessoal, pois não se trata de uma formação analítica e, sim, da formação do inconsciente.

Assim, a construção e o manejo desse lugar de coordenador são constantemente ressignificados.

O que o pequeno grupo provoca?

Sabrina Pontes Sudano

Inicio com um questionamento: o que nos provoca o dispositivo dos pequenos grupos? Se é verdade que somos essencialmente preguiçosos, conforme indica Miller,[1] haveria muito mais uma vocação à preguiça do que ao próprio trabalho. Isto posto, é cabível afirmar que no pequeno grupo trata-se de uma elaboração provocada pelo significante da transferência de trabalho? A essa provocação, só posso responder a partir da minha experiência pessoal. Este novo formato de trabalho "permitiu" a dissolução de um grande Outro outrora instalado no dispositivo.

A reconfiguração convocou ao trabalho, a partir de seu formato particular: pequeno, íntimo e ativo. O silêncio e a passividade já não são mais suportáveis e a necessidade de implicação estabelece-se por meio de um desejo de saber que se potencializa. Há a construção do trabalho que permite operar juntamente a um saber não pronto, mas a ser construído, na medida em que toca a cada um.

1. MILLER, J.-A. Cinco variações sobre o tema da elaboração provocada. In: *O Cartel*: conceito e funcionamento na Escola de Lacan. Rio de Janeiro: Campus, 1994.

A experiência do inconsciente

Silvia Jacobo

A aposta ética do dispositivo analítico no Instituto implica sustentar a lógica na qual este se funda: o saber exposto e a transferência de trabalho. Deixar-se ensinar por cada caso, orientados pelas sutilezas, anima o trabalho em uma elaboração coletiva, com a condição de que o praticante sustente-se na sua própria experiência analisante e no controle, ali onde se vê ultrapassado por seu próprio ato, e, assim, saber fazer com o real da clínica.

Nossa prática orienta-se para que o sujeito autorize-se a ter uma experiência inédita com a palavra e para que o dizer adquira uma nova dimensão e consistência.

Inaugura-se um tempo que vai além da duração, em que o sujeito faz um cálculo da espera, para transformar o mal-estar em demanda, e que possibilite formalizar um problema e ler o seu sofrimento de outro modo.

O dispositivo abre a possibilidade, para quem nos procura, de consentir em ter outra relação com o gozo, e convoca-nos a fazer existir a psicanálise na cidade.

5. Uma Conversacão e seus efeitos

Para uma melhor organização do livro, optou-se por reunir os textos da conversação em quatro novos textos, além disso, quatro deles foram publicados no formato vapt-vupt ("Para além da instituição", de Iris Tiemi Tiba; "Um breve relato de uma não tão breve experiência", de Lilian Beiguelman e "De que se trata o pequeno grupo?", que foi publicado com o título "O que o pequeno grupo provoca?", de Sabrina Pontes Sudano; e "Clínica do Clin-a: uma experiência viva", de Aline E. M Oliveira, que está na página 171 com o título "Seminário Clínico: um espaço de desejo". Os quatro artigos obedeceram a quatro eixos principais: 1) Prática Entrevários; 2) Construção do Caso Clínico; 3) Sobre o Instituto e a Escola; 4) Sobre o pequeno grupo. Os dois primeiros compõem a primeira parte da conversação, os outros a segunda. O primeiro, intitulado "Uma clínica "entre vários": o que nos resta desse conceito?" congrega os textos "A prática entre vários e a clínica do CLIN-a hoje", de Cynthia Gindro; "Entrevistas iniciais e a aposta de um encontro sempre contingente", de Eliana Machado Figueiredo e "Uma clínica 'entre vários': o que nos resta desse conceito?", de Janaina Veríssimo, Mirmila Musse, Paula Catunda, Rejane Tito e Tissiane Gushiken da Silva. O segundo texto, cujo o nome é "Breve reflexão sobre a construção e apresentação de casos clínicos", inclui os textos "Breve reflexão sobre a construção e apresentação de casos clínicos", de Luciana Ernanny Legey; "Na condição de participante: o que o Seminário Clínico me traz", de Eliane Pfeferman Erdman e "Ritmo, pulsação, melodia: uma experiência singular", de Marinalva Souza Santos. O terceiro, intitulado como "Transferência de trabalho e transmissão do ensino: da Escola ao Seminário Clínico no CLIN-a", inclui "Poderia o pequeno grupo funcionar como um cartel?", de Gustavo Oliveira Menezes; "Construções sobre a transferência de trabalho no Instituto a luz do ensino de Lacan", de Maria Veridiana S. Paes de Barros e "A experiência do inconsciente", de Silvia Jacobo. O quarto, cujo título escolhido foi "A experiência como uma prática entre nós", agrega os textos "O pequeno grupo enquanto uma prática entre nós: o que há para enunciar?", de Camila Popadiuk; Fernanda Cristina Gomes de Carvalho e Heloisa S. Teixeira; e "Nem cartel, nem grupo, como se insere a lógica do minigrupo?", de Rosângela dos Santos e Eliana Machado Figueiredo. Sobre os textos que, eventualmente, não entraram nessa seleção, os autores optaram por não publicá-los.

Uma clínica "entre vários": o que nos resta desse conceito?

Cynthia Gonçalves Gindro
Eliana Machado Figueiredo
Janaina de Paula Costa Veríssimo
Mirmila Musse
Paula Catunda
Tissiane Gushiken da Silva

A reconfiguração e reconstrução permanente da clínica do CLIN-a, nesses quase vinte anos de existência, coloca-nos a trabalho para entender o conceito da prática "entre vários". Novas e contínuas invenções nos fazem questionar se atualmente ainda nos servimos dessa prática e, mais ainda, o que foi possível apreendermos com ela?

O primeiro momento da clínica: uma prática "entre vários"

A Clínica do CLIN-a teve seu início em 2003 com o atendimento em grupo, orientado pela prática *"entre vários"*. O grupo era constituído por vários praticantes e poucos participantes (alunos). Com o intuito de produzir um encontro com a psicanálise e a transferência com a instituição, após uma entrevista de triagem ofertava-se um espaço para que cada paciente formulasse, nas oficinas, um questionamento sobre si. A prática *"entre vários"* exigia o trabalho extra e constante de reuniões, discussões e supervisões para reflexão dos casos e do lugar transferencial que cada praticante ocupava nos vários grupos.

Alexandre Stevens,[1] refletindo sobre a criação do *Courtil* – instituição com base psicanalítica e que tem em seu funcionamento principal a clínica *"entre vários"* –, comenta quatro pontos necessários para esta prática: desespecialização, formação, invenção e transmissão.

A desespecialização, como primeiro eixo, possibilita que o paciente não seja marcado apenas pelo significante do seu sintoma, como indica, por exemplo, o discurso da ciência, que, ao nomear apenas o sintomático, aliena o sujeito ao significante de seu diagnóstico. A não-especialização, segundo o autor, garante que o paciente construa em seu tratamento novos saberes sobre si e sobre sua própria história. Além disso, esse eixo inverte a lógica do saber pré-estabelecido, em que cada profissional possui e aplica seu conhecimento ao caso. Em contraponto a isso, o autor propõe um trabalho construído a partir da relação transferencial que cada profissional estabelece com o caso. Esta desespecialização, efetuada também do lado do profissional, é uma das principais características da prática *"entre vários"*, pois produz um furo no funcionamento da instituição, garantindo o atravessamento da especialidade, dando lugar à relação transferencial, e não o contrário.

O segundo ponto da prática *"entre vários"*, estabelecido pelo tripé freudiano, sugere a formação teórica articulada necessariamente à análise pessoal e à supervisão. Soma-se a isso a política psicanalítica lacaniana que norteia suas estratégias e táticas, sustentadas pelo desejo da formação individual e singular de cada um.[2]

Visando dar lugar às invenções singulares de cada paciente, o terceiro eixo é construído a partir do atendimento de "crianças difíceis" e psicoses graves. Aqui, o profissional sustenta a invenção singular de cada paciente. Na tentativa de construir uma ancoragem de seu ser, a invenção é necessária para possibilitar um ponto de basta, uma substituição à função paterna que não operou. Neste sentido, o profissional

1. STEVENS, A. Instituição: prática do ato. In: *Pertinências da psicanálise aplicada*. Paris: Seuil, 2003. (Coleção do Campo Freudiano).
2. LACAN, J. A direção do tratamento e os princípios de seu poder. In: *Escritos*. Rio de Janeiro: Jorge Zahar, 1998. (Trabalho original publicado em 1958).

da prática *"entre vários"* sustenta esse lugar, aceitando e consentindo com esta construção singular.

A transmissão, último eixo, é garantida nas reuniões clínicas, momento em que cada caso é apresentado em diferentes perspectivas e a partir da transferência estabelecida entre cada um e *"entre vários"*.

A contribuição de Alexandre Stevens, referenciada neste texto, permite afirmarmos que, no primeiro momento da clínica do CLIN-a, havia uma prática *"entre vários"*. As estratégias de trabalho, então desenvolvidas, viabilizaram o encontro com a psicanálise, os atendimentos em grupo, a transferência construída por cada profissional com o paciente e a instituição, a construção dos casos nas reuniões, ou seja, os quatro eixos propostos pelo autor.

O atual momento da clínica: o percurso individual da formação e efeitos de formação

Atualmente, a clínica do CLIN-a está vinculada ao Seminário Clínico. Após uma entrevista inicial, os atendimentos são individuais e não mais em grupo, as reuniões clínicas são uma importante aposta, assim como seus possíveis efeitos de formação. Para sustentar a discussão, três pessoas são responsáveis por produzir trabalhos: a apresentação do caso atendido por um praticante é acompanhada do comentário sobre o caso, realizado por outro praticante ou participante. Uma terceira pessoa traz uma contribuição teórica sobre o tema que norteou os atendimentos e a construção do caso. Nessa estratégia de trabalho, não há um lugar único de saber, pois a palavra circula entre todos.

Além dessas reuniões clínicas, há ainda o dispositivo dos pequenos grupos. Estes são compostos por um ou dois coordenadores, dois praticantes e um ou dois participantes, que poderão tornar-se praticantes, em algum momento, conforme seu percurso e desejo de atender. A quantidade de profissionais em cada grupo depende da quantidade de participantes e sua distribuição em cada pequeno grupo. A lógica de trabalho e o motor do pequeno grupo é a discussão dos casos clínicos, articulada com a teoria e, não menos, com a supervisão, com as análises pessoais e seus efeitos de formação. A orientação do trabalho é certamente a construção do caso clínico. A discussão prévia dos casos a serem apresentados na reunião clínica geral permite desdobramentos teóricos e clínicos em torno do tema, viabilizando a escrita e dando algum tratamento à inibição e à angústia do praticante.

Os coordenadores do pequeno grupo são responsáveis pelas entrevistas iniciais de cada paciente que chega para atendimento e, posteriormente, são encaminhados para atendimento individual. A gratuidade e o tempo limitado de atendimento na instituição, aproximadamente seis meses, são claramente explicitados desde esse primeiro encontro. Visa-se, ao longo do tratamento, uma avaliação clínica, a localização subjetiva, introdução/abertura ao inconsciente, haja ou não retificação subjetiva. Pretende-se, com essas entrevistas, a possibilidade de um encontro singular, visa-se à provocação de que cada sujeito localize e consinta com a experiência do inconsciente. Assim, as entrevistas iniciais convidam à experiência da transferência ao saber, mas a partir do retorno desse saber na vertente do equívoco e recolhendo seus efeitos.

Estamos nos referindo, portanto, a dois momentos do Seminário Clínico: um primeiro, de construção do caso a partir do atendimento e da supervisão, articulado com a teoria e transmitido neste grupo menor, e um segundo, de apresentação do caso na reunião clínica. Trata-se, portanto, da invenção possível de cada um na aventura singular de seu percurso, e de uma experiência que consente com a circulação da palavra.

Antonio Di Ciaccia, em *Da fundação por Um à prática feita por muitos,*[3] destaca o desejo e a própria relação com o vazio com a qual se depara o analista no trabalho na instituição. A lógica de ser convocado a interrogar sobre sua própria causa, oferece o lugar da surpresa e da invenção singular de cada analista com seu trabalho, diferenciando-se das repetições e das identificações verticais tão comuns na lógica de funcionamento das instituições. É somente colocando em primeiro

3. DI CIACCIA, A. Da fundação de Um à prática feita por muitos. *Curinga – Psicanálise e saúde mental*, n. 13, p. 60-65, 1999.

plano o vazio e a invenção singular de cada um, que as regras da vida institucional terão, assim, um valor de uso.[4]

Nessa perspectiva, a prática feita por muitos não se dá somente com uma instituição e vários profissionais no trato do paciente. Há, em jogo, uma unicidade de orientação clínica, uma multiplicidade do desejo e a responsabilidade de cada profissional em sustentá-la. Vale ressaltar a citação de Di Ciaccia (2015) sobre o "Um do vazio", necessário para que o trabalho feito por vários torne-se possível. Algo vindo tanto de um praticante como de um paciente pode ensinar a todos. "É a relação a esse Um do vazio que desvela as relações dos efeitos imaginários, das rivalidades internas ou externas ao grupo, entre os muitos que nós somos. Rivalidades que estão, geralmente, na origem de um empobrecimento de nosso trabalho"[5]. Esse modelo de funcionamento oferece lugar à singularidade de cada um, ao mesmo tempo em que sustenta a prática e a transmissão, sem anular o desejo do praticante. É possível ainda, no grupo menor, ter notícias dos efeitos de formação nas análises pessoais e na própria clínica de cada um, sustentada pela transferência com a psicanálise.

A clínica aplicada à instituição pressupõe um paradoxo aparente, ao colocar em questão o dispositivo que Freud nos legou em relação à psicanálise pura. Antonio Di Ciaccia, em seu texto *A prática "entre vários"*,[6] nos esclarece: o saber oferecido pela psicanálise permite que, em cada caso, possa haver alguma luz sobre o funcionamento do ser falante e suas formas de laço social. O que não decorre de um saber adquirido, mas estimula a busca de soluções ainda inéditas, não apenas recorrendo ao que chamaríamos de uma experiência analítica clássica.

Retomamos, então, o *Ato de Fundação*, momento em que Lacan já adverte que "o ensino da psicanálise só pode transmitir-se de um

4. SOUTO, S. A prática feita por muitos e o trabalho na instituição. *Entrevários – Revista de psicanálise e saúde mental*, n. 1, p. 61-66, 2007.
5. DI CIACCIA, 1999, p. 53.
6. DI CIACCIA, A. A prática entre vários. In: ALTOÉ, S.; LIMA, M. M. (Orgs.). *Psicanálise, clínica e instituição*. Rio de Janeiro: Rios Ambiciosos, 2005.

sujeito para outro pelas vias de uma transferência de trabalho".[7] Neste sentido, é possível afirmar que o Seminário Clínico, hoje, tem em sua estrutura principal o trabalho de contribuir com a formação, como um dos pilares da clínica, possibilitando que cada praticante trabalhe individualmente, conforme seu desejo e singularidade transferencial com a psicanálise.

A saída possível que cada um vai encontrar em seu percurso de formação leva em consideração ainda o tratamento da inibição dos participantes em se colocarem, a partir da escrita, da apresentação e da discussão dos casos, nas reuniões clínicas gerais.

Destacamos, ainda, o papel dos coordenadores, ao se aproximarem do lugar do mais-um que, na contramão do discurso do mestre, "(...) tem a função específica de zelar pelo andamento do cartel, de modo a favorecer a elaboração coletiva e ao mesmo tempo manter viva e destacada a questão de cada um".[8] O coordenador que opera desse lugar permite o vivo da palavra e da clínica, jamais desconsiderando que, para além do coletivo, há a relação solitária de cada um com a causa analítica. Neste sentido, a estrutura deste grupo menor pôde, inclusive, ser aproximada, em diversos momentos, da estrutura cartelizante.

7. LACAN, J. Ato de Fundação. In: *Outros Escritos*. Rio de Janeiro: Jorge Zahar, 2003, p. 242. (Trabalho original publicado em 1964).
8. ESCOLA BRASILEIRA DE PSICANÁLISE (EBP). Cartéis. Disponível em: <https://www.ebp.org.br/carteis/>. Acesso em: 10 jul. 2019.

Breve reflexão sobre a construção e apresentação de casos clínicos

Aparecida Santa Clara Berlitz
Luciana Ernanny Legey
Marinalva Souza Santos

A prática analítica é uma aventura, assim como dar notícias sobre ela – seja em um testemunho, um relato de caso, uma vinheta clínica, ou até mesmo um texto teórico, em qualquer dos casos, – o praticante abre um bocado a porta da singularidade para a comunidade analítica, revisitando, reencontrando e/ou recriando sua prática.

Como nos ensina Miller, a construção de um caso não consiste em interpretar, menos ainda em dar sentido. Seria como o caminho do meio entre a interpretação e a teoria, uma vez que se deve demonstrar um tanto do ato do analista e também os aportes teóricos que o sustentam.[1]

Espera-se que o praticante tenha se utilizado da supervisão como espaço de trabalho e controle de seus atos e impasses. Essa vertente privada do caso é o que permite situar algo do real posto em jogo na direção de um tratamento. A apresentação de um caso clínico não tem como função servir como uma supervisão em grupo, embora possa permitir a cada um extrair algo daquela experiência[2].

1.ÁLVAREZ, M.; CANEDO, L.; GADEA, E. Apuntes sobre la contrucción del caso e su transmisión, Presentación del Seminario de casos clínicos. Seminario del Campo Freudiano, curso 2004-05. *NODUS*, fev. 2005.
2. ZACK, O. Reflexões a propósito da construção do caso. *Revista Curinga*, n. 31, 2010.

A construção, bem como sua apresentação, são oportunidades para que o praticante transmita o que aprendeu (e apreendeu) do caso mediante sua singularidade, pinçando seus significantes, de forma a originar um saldo de saber para a prática da psicanálise. Esse saldo de saber, ao ser apresentado, pode servir para a estruturação de um diagnóstico ou mesmo relançar dúvidas sobre ele. Em algumas ocasiões, é possível localizar aspectos do processo transferencial que prejudicava ou favorecia o desenvolvimento da cura, ou, ainda, marcar a importância fundamental de alguma interpretação.

Sabendo que Freud atendia seus pacientes várias vezes por semana e que a prática da psicanálise de orientação lacaniana tem como dispositivo a possibilidade de sessões sem frequência preestabelecida e com tempo lógico, haveria algo a acrescentar ao que discorremos acima, sobre a construção e apresentação de casos clínicos, quando se trata do CLIN-a, onde os atendimentos têm como limite até seis meses, ou seja, começo, meio e fim?

A bibliografia sobre construções de casos é vasta. Destacaríamos Freud, com seus célebres "Artigos sobre Técnica", de 1912-1915,[3] até o recente texto de Miller "Psicanálise pura, psicanálise aplicada & psicoterapia", de 2001.[4] A clínica do CLIN-a também construiu, ao longo dos anos, sua bibliografia, organizada e publicada por seus fundadores e praticantes no formato da *Revista Entrevários.*[5]

Torna-se relevante chamar a atenção para a questão dos efeitos terapêuticos rápidos que a prática em instituições similares ao CLIN-a faz observar. Nesse sentido, em *Efeitos Terapêuticos Rápidos em Psicanálise,* livro resultante da reunião da Seção Clínica do Instituto do Campo Freudiano de Barcelona, em 2005, praticantes de orientação lacaniana apresentam e conversam sobre casos que

3. FREUD, S. Observações psicanalíticas sobre um caso de paranóia relatado em autobiografia ("O Caso Schereber"). In: *Obras Completas.* (Vol. X, Tradução de Paulo César de Souza). São Paulo: Companhia das Letras, 2009. (Trabalho original publicado em 1911).
4. MILLER, J.-A. Psicanálise pura, psicanálise aplicada & psicoterapia. *Opção Lacaniana online*, ano 8, n. 22, 2017.
5. Revista de Psicanálise e Saúde Mental do Centro Lacaniano de Investigação da Ansiedade.

tiveram, segundo Miller, "curas breves, autênticas e completas à sua própria maneira"[6].

Podemos até mesmo levantar a hipótese de que esses efeitos, no CLIN-a, se iniciam precocemente quando um indivíduo se propõe a ser paciente da clínica, colocando seu nome na lista de espera, iniciando assim uma transferência com a instituição, local para onde passa a direcionar seu sofrimento.

Num segundo momento, durante a entrevista inicial, que ocorre obrigatoriamente na sede da instituição, favorecendo ainda mais a transferência com a clínica, o indivíduo finalmente apresenta sua queixa. Neste primeiro encontro, espera-se que o praticante possa escutar os detalhes do caso e pensar algo sobre a possível direção do tratamento, incluindo a escolha do colega praticante que se ocupará do caso.

Está lançada a aposta à luz da psicanálise aplicada à terapêutica, de que algo do inconsciente seja orientado pelo discurso analítico e que, no encontro com o analista, precioso, único e singular, se desvele um sujeito, fazendo existir a hipótese do inconsciente presente no social. E, como nos diz Freud (1919), este sujeito que tem uma "fuga para a doença"[7]. Espera-se que aquele que vem à instituição queira saber da lógica do sofrimento que para lá o direcionou.

Sobre a possibilidade de desenvolver um trabalho com tempo limitado, Brodsky, em seu texto "A pressa e a espera", nos ensina que a pressa do lado do analisando difere da pressa do analista. O primeiro tem pressa de falar para concluir rápido demais, enquanto o segundo tem pressa para evitar que seja tarde demais. Porque, ela explica, a surpresa, que é da ordem da contingência, deve permitir "uma interpretação no

6. MILLER, J.-A. *Efeitos terapêuticos rápidos em psicanálise*: conversação clínica com Jacques-Alain Miller em Barcelona. Belo Horizonte: Escola Brasileira de Psicanálise/ Scriptum, 2008, p. 56.
7. FREUD, S. Introdução à psicanálise e as neuroses de guerra. In: *Edição Standard Brasileira das Obras Psicológicas Completas de Sigmund Freud.* (Vol. XVII, Tradução de Jayme Salomão). Rio de Janeiro: Imago, 1976, p. 260. (Trabalho original publicado em 1919).

interior dessa ordem"[8], que colocada do lado do analisando é repetição, enquanto do lado do analista é interpretação.

Concluímos que o esforço que fazemos, tanto na clínica do CLIN-a quanto em nossos consultórios, é justamente não deixar que a psicanálise deixe de ser psicanálise. E a psicanálise deve acompanhar seu tempo, seja ele qual for, movendo-se, como Lacan nos ensinou, mais em direção ao real do gozo. É, portanto, nosso desafio, seja nas instituições ou nos consultórios, mediante nossa presença e nosso bem-dizer, continuar o que Lacan nunca deixou de pontuar: não tirar a responsabilização do sujeito. O tempo é logico, não cronológico.

8. BRODSKY, G. A pressa e a espera. *Latusa - Revista da Escola Brasileira de Psicanálise*, n. 8, 2003, p. 10.

Transferência de trabalho e transmissão do ensino:
da Escola ao Seminário Clínico no CLIN-a

Gustavo Oliveira Menezes
Maria Veridiana S. Paes de Barros
Silvia Jacobo

> *O trabalho é sempre suscitado por um apelo, um chamado de provocadores que vai procurar o que é latente e que, chamando, o revela e cria. O apelo ao trabalho é o toque de clarim para despertar, chamar.*[1]

Desde que começou o funcionamento em pequenos grupos no Seminário Clínico do CLIN-a – formados por um coordenador, praticantes e participantes –, com reuniões quinzenais, e a partir da leitura de textos e discussões de casos, algumas questões se interpuseram: como entender a transferência de trabalho ali colocada? Como pensar o rumo do pequeno grupo dentro do espaço clínico de um Instituto?

Em seu "Ato de fundação", Jacques Lacan traz algumas formulações para pensarmos a transferência de trabalho. Naquele momento de construção da Escola Freudiana de Paris, além desse conceito, surge a ideia da estrutura dos cartéis: "(...) para a execução do trabalho, adotaremos

1. MILLER, J-A. Cinco variações sobre o tema da elaboração provocada. In: *Manual de Cartéis* – Publicação da Escola Brasileira de Psicanálise – MG. Belo Horizonte: Scriptum, 2010a, p. 17.

o princípio de uma elaboração apoiada num pequeno grupo".[2] Quatro em sua *justa medida mais-um*, não há uma promoção a um grau superior ou inferior, sendo todos trabalhadores em uma "organização circular". É assim que neste momento Lacan define as diretrizes de uma Escola: "O ensino da psicanálise só pode transmitir-se de um sujeito para outro pelas vias de uma transferência de trabalho".[3] Portanto, há uma estreita relação entre transferência, trabalho, transmissão e formação.

A transferência de trabalho no Instituto

Embora as ideias de Lacan sobre transferência de trabalho e causa analítica refiram-se ao laço entre os membros da Escola, estas também são apropriadas ao se considerar o Instituto, uma vez que se trata de enlaçar um grupo em direção à construção de saber. Portanto, deve-se questionar como é possível transmitir o desejo de saber no Instituto à luz do ensino de Lacan.

Jacques-Alain Miller[4] afirma que o objetivo do ensino de Lacan é a indução ao trabalho. O dispositivo do cartel nasce desta perspectiva, em que quatro mais um se escolhem para trabalharem um tema em comum, mas com a produção e o trabalho singular de cada um. Segundo Miller, transferir trabalho somente é possível ao se trabalhar, sendo que a preguiça só produz preguiça. A transferência de trabalho se dá no *um a um* e não de um com todos.

Lacan visava inserir a psicanálise no meio universitário e científico. Os Institutos do Campo Freudiano e as Seções Clínicas seguem essa ideia. Não é objetivo aqui aprofundar este ponto, mas gostaríamos de retomar o que Jacques-Alain Miller propõe sobre esta ligação à universidade e a transmissão de um ensino. Há, de um lado, o ensino proveniente dos testemunhos de passe, aquilo que é transmitido de uma

2. LACAN, J. Ato de fundação. In: *Outros escritos*. Rio de Janeiro: Jorge Zahar, 2003, p. 235. (Trabalho original publicado em 1964).
3. Idem, ibidem, p. 242.
4. MILLER, J-A. Transferencia de trabajo. In: *El banquete de los analistas*. Buenos Aires: Paidos, 2000.

experiência singular, algo restrito e interno ao grupo analítico. De outro, o ensino do *matema*, daquilo que é demonstrável para todos. Miller dirá que este segundo ensino "é universitário, é sistemático e gradual. (...) Não é algo que habilite para o exercício da psicanálise"[5]. Desde Freud, o que produz um analista é a análise pessoal. Estar em um Instituto é privilegiar a orientação lacaniana no ensino e aqueles que se beneficiam desse ensino recebem o título de *participantes* ao invés de estudantes, para assim "(...) enfatizar o alto grau de iniciativa que lhes é dado – o trabalho a ser feito não será extorquido: depende deles; ele será guiado e avaliado".[6]

Retomando a intenção de Lacan em 1964, Miller afirma que a ideia dos pequenos grupos de trabalho estaria em ressonância com os grupos de trabalho universitários que surgiam na época, visando a uma base igualitária e sem um professor autoritário que ministraria os cursos. Enquanto pequeno grupo, o cartel "(...) é um meio para executar um trabalho"[7] e não um fim em si mesmo. Miller ainda relembra que Lacan enfatiza todo trabalho de Escola via cartel, e não por seminários, conferências e cursos.

Poderia o pequeno grupo funcionar como um cartel?

O mais-um no cartel deve ser o agente provocador. Mas por se tratar de um agente de discurso, há sempre uma tendência em encarnar a posição de mestre, o que muitas vezes pode ser solicitado pelos outros participantes. É a partir do discurso do mestre que se convoca ao trabalho, sendo o discurso universitário o que comporta uma elaboração revogada, adiada, sem efeito. Assim, cabe ao mais-um sustentar pontos de interrogação, fazer emergir efeitos subjetivos, "(...) para ser um

5. MILLER, J-A. *Prologue de Guitrancourt* (15 de agosto de 1988). Disponível em: <https://www.lacan-universite.fr/prologue-de-guitrancourt-par-jacques-alain-miller/> Acesso em : 10 jul. 2019.
6. Idem, ibidem, s/p.
7. MILLER, J-A. Novas reflexões sobre o cartel. In: *Manual de Cartéis* – Publicação da Escola Brasileira de Psicanálise – MG. Belo Horizonte: Scriptum, 2010b, p. 29.

agente provocador a partir de onde há ensino".[8] Enquanto membro do cartel, o mais-um também tem que trabalhar, o que faz com que "(...) cada um esteja no cartel 'na qualidade de'; esta lógica implica que os membros trabalhem, a partir de suas insígnias e não de sua falta-a-ser",[9] ou seja, que tenham estatuto de significantes-mestres a trabalho. Sendo um grupo, há sempre um líder, o qual deve ser reduzido a uma função permutativa.

Se para operar uma análise há um suposto saber que nenhum analista pode encarnar, Lacan afirma que há *um*, se ele existe, que pode representá-lo e ao qual nos dirigimos. Enquanto sujeito suposto saber, Freud pôs à parte toda relação analítica para consigo e colocou no lugar a relação com o inconsciente. Freud era o sujeito suposto saber e transmitiu esse saber aos analistas: saber que permanece inabalável, que continua operando. É disso que depende toda formação. Assim, a transferência no cartel deve se dar para além do trabalho-de-transferência, da suposição de saber: o mais-um deve se referir a outro lugar – Freud, Lacan – provocando assim a transferência de trabalho.

Como podemos aproximar, então, a experiência de cartel do que é produzido nos pequenos grupos do Seminário Clínico? Estaria o coordenador em condições de exercer sua função como mais-um? A permutação de lugares e a produção ao final de cada ciclo de um trabalho seria suficiente para configurar um cartel?

O lugar de trabalhadores implicados na construção de um saber, a partir da clínica do CLIN-a, bem como a provocação de pensar e construir um saber acerca desse espaço de formação, promove um efeito de desejo e de indução ao trabalho. Experiência viva e intensa. O cartel é um dispositivo da Escola, não podemos confundir com os pequenos grupos de trabalho do Seminário Clínico; porém, a partir dos efeitos produzidos, a comparação fez-se inevitável.

Isso implicaria, portanto, em questionar a formação de analistas que frequentam o Instituto e sobre o lugar da transferência de trabalho.

8. Idem, ibidem, p. 21.
9. Idem, ibidem, p. 23.

Lucíola Freitas de Macedo[10] questiona-se, em um mundo onde cada vez mais se coloca a busca por uma formação que ateste e garanta uma competência técnica e com valor de mercado, além dos avanços das tecnociências, como sair de um amor ao saber universitário e garantir a formação analítica? Em nossos primeiros esboços do que seria o novo formato do Seminário Clínico havia certo impasse colocado sobre se estaríamos criando uma clínica próxima de experiências como nos CPCT's ou se estaríamos visando uma clínica-escola, o que se aproxima muito mais do formato universitário. Parecia haver uma demanda por ambos. Em que ponto estamos agora?

A experiência do inconsciente

Se o cartel funciona, assim como o Instituto, como uma dobradiça entre o dentro e o fora da Escola, como se dá a transmissão da psicanálise para além do aspecto epistêmico, mas também no que concerne à sua política? Pois, para que a psicanálise continue existindo, precisa "(...) cada vez mais 'parasitar' os espaços públicos, fazendo-se reconhecer, por exemplo, em sua 'utilidade pública'"[11]. Nossa clínica se apoia nesse ponto.

O dispositivo clínico inserido no âmbito do Instituto está orientado na promoção de uma experiência diferente com a palavra. O encontro com um psicanalista implica colocar em ato o discurso analítico; é um tempo de decisão e de consentimento. A palavra é do sujeito, acolhemos o seu sofrimento para que este se transforme em demanda. Na temporalidade finita do dispositivo institucional, se formaliza um problema ao se inaugurar um tempo de ver, visando à construção do sintoma, onde o que era ilegível possa ser lido e que o sujeito possa consentir em outra relação com o dizer e com o gozo. Deixar-se ensinar por cada caso, orientados pelas sutilezas, os detalhes, cernindo o que escapa e abertos ao novo é o que anima a prática entrevários. Segundo Éric Laurent:

10. MACEDO, L. F de. A transferência de trabalho: um dos nomes do amor na era das tecnociências. *Opção lacaniana*, n. 48, 2007.
11. Idem, ibidem, p. 77.

> Estamos aqui para continuar com a tarefa de inventar o novo e ser eficazes na interpretação dos sintomas sociais que se dirigem ao saber. (...) Precisamos, portanto, de uma instituição para verificar e o Instituto é nosso instrumento de verificação da maneira com que tratamos o saber explícito que se pode extrair da prática analítica. Este instrumento nos permite verificar se tratamos esse saber com o suficiente respeito.[12]

É possível verificar, através desta experiência, que há dois pilares importantes na transmissão da psicanálise: indução ao trabalho e transferência de trabalho – contribuições de Lacan que devem ser levadas em conta, à luz de seu ensino, na transmissão e nas estratégias utilizadas para tal fim nos Institutos. Portanto, faz-se essencial o constante questionamento sobre os efeitos de formação no Seminário Clínico.

12. LAURENT, É. Lo imposible de enseñar. *Cuadernos ICBA*, n. 13, 2001, p. 20.

A experiência como uma prática entre nós[1]

Camila Popadiuk
Eliana Machado Figueiredo
Fernanda Cristina Gomes de Carvalho
Heloísa S. Teixeira
Rosângela Aparecida dos Santos

Este trabalho reúne experiências de dois grupos distintos,[2] dos quais surgiram as seguintes questões: 1) a proposta de dividir um grupo maior em pequenos grupos, objetivando dar um tratamento ao sintoma "inibição grupal", operou?; 2) qual a diferença entre grupo de estudos, Cartel e minigrupo?; 3) se a experiência do minigrupo não é nem a de um grupo de estudos nem a de um Cartel, que experiência foi esta?; 4) como a lógica do Cartel, dispositivo aplicado à Escola, pôde contribuir para o tratamento da "inibição grupal"?[3]

1. *"Entre nós"*: significante pinçado durante uma das discussões do pequeno grupo.
2. Texto que reúne dois trabalhos acerca de duas experiências, de dois pequenos grupos formados em março de 2018 na nova proposta do Seminário Clínico do CLIN-a: 1) Minigrupo: "Nem cartel nem grupo, como se insere a lógica do minigrupo?" – Coordenadoras: Eliana Machado Figueiredo e Rosangela dos Santos; praticantes: Luciana Ernanny Legey e Gabriela Malvezzi do Amaral; participantes: Antonio Alberto Peixoto de Almeida e Iris Tiemi Tiba; 2) Pequeno-grupo: "O pequeno grupo enquanto uma prática entre nós: o que há para enunciar?" – Coordenadora: Camila Popadiuk; praticantes: Maria Veridiana Paes de Barros e Marinalva Santos; participantes: Fernanda Cristina Gomes de Carvalho e Heloísa Teixeira.
3. Neste trabalho encontraremos os significantes "pequeno grupo" e "minigrupo", diferentes em cada grupo, mas com o mesmo sentido de uma proposta de redução para tratar dos efeitos de grupo.

Tivemos tempos diferentes na clínica do CLIN-a: primeiro, de atendimentos entre vários, em uma lógica de atendimento em grupo e reuniões de equipe semanais; e um segundo, já como atendimento individual, com discussões clínicas mensais com toda a equipe e participantes do Seminário Clínico. Assim, um grupo maior pôde ser dividido. O pequeno grupo, portanto, surge como uma experiência de corte, vislumbrando tratar um sintoma do grupo, a inibição, e aumentar o engajamento de seus participantes. Foram formados minigrupos, compostos por coordenadores, praticantes e participantes, podendo haver alternância entre esses lugares e seus números, com o propósito de discutir os casos atendidos e, também, os textos orientadores para a construção de casos clínicos, auxiliando na sua escrita e formalização.

Comparada com o formato anterior, esta nova experiência trouxe questões também sobre a lógica de funcionamento e suas diferenças. O grupo, como uma formação coletiva, é estruturado em torno de alguém que vem ocupar o lugar de líder, o que parece inevitável. A partir de um traço, cada um dos componentes do grupo se identifica com essa figura de liderança. Cada participante, ao conceder ao líder uma suposição de saber, aliena-se aos seus significantes, entrando assim na lógica do mestre.[4] Isso, sem dúvida, pode causar mal-estar e fazer obstáculo a uma produção singular.

Pensando no dispositivo do cartel, temos um instrumento inventado por Jacques Lacan para responder às descobertas freudianas sobre a psicologia das massas. Um cartel é formado por quatro pessoas que "se escolhem" e convidam alguém, uma quinta pessoa, para ocupar o lugar que seria do líder em um grupo; mas, apesar de algumas semelhanças, este não é um grupo como os outros. O mais-um não é um líder, tal como no grupo, pois se espera que ele não encarne o lugar do suposto saber. Ele deve ser aquele que se vale do furo para fazer circular o saber de cada um, ou seja, cada membro é mestre na própria suposição de saber. A falta de um saber totalizante permite a elaboração de cada um.

4. TROBAS, G. Do grupo ao cartel, do líder ao mais-um. In: JIMENEZ, S. (Org). *O cartel*: conceito e fundamento na escola de Lacan. Rio de Janeiro: Campus, 1994.

Se no grupo a transferência se dá no eixo a-a', no cartel todo o manejo é para suscitar a transferência de trabalho, fazendo com que o sujeito se desloque do amor ao saber para o desejo de saber. A transferência de trabalho, esclarece-nos Bernardino Horne, é herdeira da transferência que ocorre na suposição de saber.[5]

Diferentemente do cartel, nos chamados minigrupos, ou pequenos grupos, os participantes não "se escolhem", também não há um líder, por assim dizer. O fato de acontecer no Instituto – onde também há ensino, lugar de transferência de trabalho –, e não na Escola, também influencia diretamente nas características que excluem o pequeno grupo da lógica do cartel.

É importante localizar que um dos aspectos do cartel que pode ser identificado no minigrupo refere-se à demanda "ensine-me isto".[6] Em ambos os casos, trata-se de fazer circular o saber entre os integrantes, provocando o desejo de saber. Em alguns dos nossos encontros, com discussões bastante calorosas, o desejo de constituir um cartel apresentou-se entre os participantes.

Há, também, como semelhança, a produção individual dos membros do minigrupo, respeitando uma temporalidade particular, em função do momento de cada participante em sua relação com a psicanálise e o inconsciente de cada um. Esse produto aponta o que foi modificado pelo sujeito na sua relação com o saber analítico.

Desse modo, o minigrupo, o pequeno grupo, na qualidade de uma nova proposta de trabalho, privilegiando a tomada da palavra de forma menos sintomática, menos inibida, propiciou várias produções individuais. Nova proposta como objeto de transferência ou laço feito um a um, entre sujeitos, *entre nós* e entre vários que instaurou a transferência de um a outro. O minigrupo, enquanto uma experiência que começa a se escrever, só se torna possível nessa hiância que, de modo singular,

5. HORNE, B. E como... Escola: escola e Nome-do-Pai. In: *Scilicet dos Nomes do Pai* – Textos preparatórios para o Congresso de Roma, 2016. Rio de Janeiro: Gráfica Edil para EBP, 2005, p. 46.
6. ATTIÉ, J. Ensino. In: JIMENEZ, S. (Org). *O cartel:* conceito e fundamento na escola de Lacan. Rio de Janeiro: Campus, 1994, p. 129.

não estandardizado, converte-se na experiência de amor e de saber à psicanálise, de modo também singular.

Um modo de organização fez-se em busca de uma identidade, tecida a partir de um lugar vazio de significação e de representação. Da partilha ao *partenaire*,[7] como um S1, uma possibilidade de escritura se abre nessa hiância, pela contingência de um encontro, em uma parceria que, sob transferência de trabalho, podemos nomear sintomática. De mãos dadas, tomamos frente à produção a partir das falas que se conectam, fazendo aparecer o real que está fora, dando corpo e asas ao saber. Do amor ao desejo de saber, o pequeno grupo propicia-nos um saldo de saber.

Os resultados obtidos internamente nos minigrupos, pequenos grupos, passaram a influenciar diretamente no conteúdo das reuniões gerais, cujas apresentações dos casos clínicos, seguidas de comentários e de contribuições teóricas, eram decididas primeiramente entre os membros dos minigrupos e, em seguida, entre os coordenadores de cada minigrupo. Além disso, as reuniões gerais também contemplaram decisões coletivas a respeito dos encaminhamentos e do próprio funcionamento do dispositivo, preservando o lugar de fala de cada um.

É importante ressaltar que a invenção ocorre a partir do que o significante *entre nós* constitui, revelando que diz respeito a um tratamento ao sintoma de inibição grupal. Formamos pequenos grupos que funcionaram justamente por levar em conta as diferenças de cada participante e a vontade de se ensinar, mesmo que o comum na transmissão em psicanálise seja da ordem do "não saber".[8] O respeito pelo singular de cada um permitiu que a experiência também se desse de modo singular, gerando interesse, entrosamento, produção, e por que não dizer, um saber coletivo, mantendo acesa a chama do desejo.

7. MILLER, J-A. *El partenaire-síntoma*. Buenos Aires: Paidós, 2008.
8. LACAN, J. Nota italiana. In: *Outros escritos*. (Tradução de Vera Ribeiro). Rio de Janeiro: Jorge Zahar, 2003. (Trabalho original publicado em 1973).

Conversação do Seminário Clínico do Centro Lacaniano de Investigação da Ansiedade (CLIN-a)[1]

Convidada: Simone Souto

MESA 1

Coordenação: Rômulo Ferreira da Silva
Transcrição: Iris Tiemi Tiba e Tissiane Gushiken da Silva
Estabelecimento: Gabriela Malvezzi do Amaral, Iris Tiemi Tiba e Mirmila Musse
Revisão: Antonio Alberto Peixoto de Almeida e Janaina de Paula Costa Veríssimo
Versão final: Maria do Carmo Dias Batista, Simone Souto e Rômulo Ferreira da Silva

Discussão dos trabalhos:
Aparecida Santa Clara Berlitz: "A clínica do CLIN-a"
Cynthia Gindro: "A prática entre vários e a clínica do CLIN-a hoje"
Eliana Machado Figueiredo: "Entrevistas iniciais e a aposta de um encontro sempre contingente"
Estanislau Alves da Silva Filho: "Prescindir da psicanálise para se servir dela"

1. Associado ao Instituto do Campo Freudiano de São Paulo, 07 de Dezembro de 2018.

Eliane Pfeferman Erdman: "Na condição de participante: o que o Seminário Clínico me traz"
Iris Tiemi Tiba: "Para além da instituição"
Janaina Veríssimo, Mirmila Musse, Paula Catunda, Rejane Tito, Tissiane Gushiken da Silva: "Uma clínica entre vários: a invenção dos pequenos grupos e seus efeitos"
Lilian Beiguelman: "Um breve relato de uma não tão breve experiência"
Luciana Ernanny Legey: "Breve reflexão sobre a construção e apresentação de casos clínicos"
Marinalva Souza Santos: "Ritmo, pulsação, melodia: uma experiência singular"

Rômulo Ferreira da Silva: Bom dia! Esta conversação será composta por duas mesas: a primeira, coordenada por mim, e a segunda por Maria do Carmo Dias Batista. Montamos uma proposta de divisão dos trabalhos em dois momentos. Dessa maneira, alguns textos estarão localizados na primeira discussão e outros na segunda, mas todos poderão circular pelas duas conversas. Lembro da leitura prévia, feita por nós, dos trabalhos inscritos e, ainda, de que esta atividade não funciona com perguntas e respostas ou mesmo como uma mesa de debates. Trata-se de uma Conversação.

Nossa convidada, Simone Souto, é conhecida de todos; mas, mesmo assim, gostaria de apresentá-la. É Analista Membro de Escola Brasileira de Psicanálise (AME-EBP) e da Associação Mundial de Psicanálise (AMP). Fizemos parte de mesma Diretoria da EBP, de 2009 a 2011, junto com Luiz Fernando Carrijo da Cunha. Como toda Diretoria, trabalhamos muito. Nesse período, mais próximo a ela, percebi seu rigor teórico e clínico no trabalho de Escola.

Em seguida, também tivemos experiência conjunta no Conselho: intensa, por um lado, e mais leve, por outro, pois não envolvia trabalho administrativo, de Secretaria, publicações, etc. Pude, inclusive, conhecer mais da precisão de Simone no que diz respeito ao que, talvez, possamos chamar de uma "clínica na Escola". O trabalho de receber e discutir pedidos de admissão como membros da Escola. Foi absolutamente importante estar com Simone nesse período de quatro anos no Conselho da Escola. Outro trabalho relevante, além da clínica que praticou no CPCT[2], e pratica em seu consultório, foi seu trabalho na Secretaria do Passe.

Simone é muito querida e bem-vinda em nosso trabalho, e funcionará entre nós como *êxtimo*.[3] Espero que estejamos à altura do que ela tem a nos oferecer. Obrigado por ter aceito nosso convite.

Para iniciar a Conversação, trabalharemos o texto escrito por Gabriela Malvezzi, o qual localiza e recapitula o que é o CLIN-a[4]. Ela aborda a história e as discussões instituídas no começo da experiência clínica. Em seguida, tomaremos textos que resgatam detalhes dessa experiência desde o início. O texto de Aparecida Berlitz[5] esclarece que o CLIN-a "(...) tem por finalidade ser um centro de formação de profissionais em psicanálise lacaniana, em especial na investigação da ansiedade, visando, desde uma posição que lhe é própria, contribuir com as políticas de saúde mental". A prática de um "(...) dispositivo de grupo, que visava alcançar o particular de cada um, e o encontro de sua singularidade". O texto trata também da gratuidade, do tempo limitado e de outro ponto que me parece importante: "(...) a transferência de trabalho no CLIN-a, estabelecida com a instituição e com a causa psicanalítica". Esse aspecto será discutido, também, nos textos seguintes.

2. Centro Psicanalítico de Consulta e de Tratamento, ligado à EBP-MG, que oferecia consultas e tratamento psicanalítico gratuitamente por tempo limitado. Funcionou de 2006 a 2010.
3. "Êxtimo" é um neologismo criado por Jacques Lacan para indicar algo que é, ao mesmo tempo, o mais íntimo e o mais estranho para o sujeito. O êxtimo dá conta disso que fica fora, mas em relação com. A primeira vez que Lacan parece ter usado este termo foi em 1960, no *Seminário 7. A ética da psicanálise*, e, alguns anos depois, em 1969, no *Seminário 16: De um Outro ao outro*, ele retoma o neologismo para conjugar o íntimo com a exterioridade radical
4. O mencionado trabalho está incluído neste livro como parte do material do texto "CLIN-a: a proposta de um Instituto e o percurso de uma Clínica" (Ana Maria de A. Guerra Mendy, Antonio Alberto Peixoto de Almeida, Gabriela Malvezzi do Amaral, Iris Tiemi Tiba, Janaina de Paula Costa Veríssimo, Maria Lourenço dos Santos Crespilho e Mirmila Musse).
5. O mencionado trabalho está incluído neste livro como parte do material do texto "Breve reflexão sobre a construção e apresentação de casos clínicos" (Marinalva Souza Santos, Luciana Ernanny Legey e Aparecida Santa Clara Berlitz).

O texto de Janaina Veríssimo, Mirmila Musse, Paula Catunda, Rejane Tito e Tissiane Gushiken[6] retoma a questão do grupo: "(...) o atendimento ocorria através de oficinas, com a prática entre vários, era realizado em grupo e com vários praticantes, além de alguns poucos alunos. Pretendia-se produzir um encontro com a psicanálise e uma transferência com a instituição". Insistiram nessa transferência com a instituição e no atendimento feito por vários, em "(...) um espaço para que cada paciente formulasse um questionamento sobre si e, a posteriori, ser encaminhado para um atendimento individual". Destaco quatro significantes importantes: "desespecialização" da clínica, "formação", "invenção" e "transmissão". Seguem dizendo que "esta primeira clínica do Seminário passou por mudanças que possibilitam novas invenções que, por sua vez geraram novas mudanças, em andamento" e lançam uma pergunta: o que permanece na experiência de hoje em relação à proposta inicial, da clínica entre vários? Então, ganhamos algo? Aprendemos com isso? Como avançar? O texto segue por esta via, marcando a importância da experiência clínica que, de um lado, é do paciente, e de outro, da formação dos psicanalistas.

Cynthia Gindro[7] traz a importância da articulação entre o Um e o Múltiplo ao diferenciar as instituições e, consequentemente, a prática feita por diferentes psicanalistas nessas instituições. Uma citação: "Muitas vezes existe o Um fundador que dá coesão à massa, como nos exemplos entre a Igreja e o Exército, mas de forma igual, onde muitos estão identificados verticalmente ao Um, que é o mestre, e horizontalmente ao 'todos iguais'. No caso do trabalho feito por muitos, não se trata do Um do mestre. O discurso do mestre, para o bem e o mal, é a tendência de toda instituição. Mas, de forma diferente, o trabalho feito por muitos tem seu fundamento no discurso analítico, o avesso do discurso do mestre. Um trabalho sustentado na falta do Um do mestre".

6. O mencionado trabalho está incluído neste livro como parte do material do texto "Uma clínica *entrevários*: o que nos resta desse conceito?" (Cynthia Gindro, Eliana Machado Figueiredo, Janaina Veríssimo, Mirmila Musse, Paula Catunda e Tissiane Gushiken da Silva).
7. Idem.

Na sequência de minha leitura, insere-se o texto de Iris Tiemi Tiba[8], que fala de sua chegada à psicanálise pela via do Direito, tendo como porta de entrada o interesse no estudo da saúde mental do trabalhador. Ela pôde confirmar "(...) a importância da dialética entre os discursos, porque é possível inserir o discurso psicanalítico em outras áreas do conhecimento, não na posição do mestre, isto é, desvinculado de qualquer promessa de cura ou tratamento, mas como exercício de um saber--fazer para além da própria instituição de saúde mental".

O texto de Marinalva Santos[9] é interessante ao dizer que, a partir dos impasses surgidos no trabalho na clínica do CLIN-a, encaminhou-se para um trabalho em cartel – articulação que aparece em muitos textos. No que concerne aos casos clínicos, lembra que "(...) um tratamento malogrado não se recupera".[10] Isso quer dizer que não estamos aqui para fazer qualquer coisa. Há uma preocupação ética, evidentemente, com o paciente, e uma preocupação com a formação analítica. Algo que Maria do Carmo ressalta sempre: nesse tratamento, temos um começo, um meio e um fim – e é preciso dar sequência, transmitir o que se faz nesta clínica. Essa responsabilidade sustenta a psicanálise em nós. Marinalva também passa por significantes importantes como "analista cidadão" e retoma a questão da transferência na instituição.

Quanto à transferência, quero fazer um pequeno comentário sobre certa "evitação" da transferência observada no início da clínica do CLIN-a. Com a prática "entre vários", havia transferência com a instituição e com a psicanálise, um discurso circulante. No entanto, chegou um momento em que, quando o paciente começava a localizar a transferência em algum de nós, evitávamos. Tornou-se um trabalho contra a própria psicanálise. Foi preciso repensar essa posição do grupo, para poder reencaminhar a clínica.

8. O mencionado trabalho está incluído neste livro como parte do material do texto vapt-vupt "Para além da instituição" (Iris Tiemi Tiba).
9. O mencionado trabalho está incluído neste livro como parte do material do texto "Breve reflexão sobre a construção e apresentação de casos clínicos" (Marinalva Souza Santos, Luciana Ernanny Legey e Aparecida Berlitz).
10. GOROG, J.-J. Um tratamento malogrado não se recupera. In: MOTTA, M. B. da (Org.). *Irma*: Casos Clínicos do Campo Freudiano. Rio de Janeiro: Jorge Zahar, 1989.

Estanislau Silva[11] intitula sua questão como "Prescindir da psicanálise para se servir dela", localizando o que é e o que não é uma prática entre vários. No texto, há uma provocação: entende a experiência desta clínica como mais próxima à de uma clínica particular. A discussão que faz sobre o que seria uma clínica particular e uma clínica entre vários caminha entre dois extremos, mas é uma pergunta pertinente. Também leio como provocações certos trechos como "(...) não se visar uma impostura de uma dinâmica não-analítica" – importante para fazermos fervilhar a discussão.

O texto de Luciana Legey[12] aborda o tratamento com começo, meio e fim – algo para aprofundarmos neste momento da clínica do CLIN-a. Do texto "Televisão", ela extrai: "(...) uma prática não precisa ser esclarecida para operar".[13] Exatamente, não precisa ser esclarecida, mas nem por isso deixamos que ela permaneça não esclarecida. É para isso que estamos neste trabalho.

Por fim, Eliana Figueiredo[14] também traz questões importantes como a diferença entre entrevistas preliminares e o encontro do analisante com a psicanálise. Ela aborda, de forma bastante interessante, a gratuidade, utilizando-se de um episódio do encontro de Mahler com Freud, quando este, depois da morte do compositor, cobra, da viúva, o dinheiro da consulta, em virtude dos serviços prestados: uma vez que Mahler, a partir da sessão, superou um impasse no casamento, e compôs uma sinfonia para ela. O texto trabalha ainda com o episódio em que Lacan fala, distraidamente, a Umberto Eco[15]:

11. O mencionado trabalho não foi incluído neste livro.
12. O mencionado trabalho está incluído neste livro como parte do material do texto "Breve reflexão sobre a construção e apresentação de casos clínicos" (Marinalva Souza Santos, Luciana Ernanny Legey e Aparecida Berlitz).
13. LACAN, J. *Outros escritos*. (Tradução de Vera Ribeiro; versão final de Angelina Harari e Marcus André Vieira; preparação de texto de André Telles). Rio de Janeiro: Jorge Zahar, 2003.
14. O mencionado trabalho está incluído neste livro como parte do material do texto "Uma clínica *entrevários*: o que nos resta desse conceito?" (Cynthia Gindro, Eliana Machado Figueiredo, Janaina Veríssimo, Mirmila Musse, Paula Catunda e Tissiane Gushiken).
15. KAPLUN, H. Acerca de un decir. *Virtualia – Revista Digital de la EOL*, n. 8, 2003. Disponível em: <http://www.revistavirtualia.com/articulos/669/destacados/acerca-de-un-decir > Acesso em: 05 jul. 2019.

"coma seu *dasein*". Segundo Umberto Eco, esse encontro com o analista modificou sua vida.

Estão abertas as inscrições para quem quiser falar.

Aparecida Santa Clara Berlitz: Um ponto que me traz questionamentos é a relação da transferência com a instituição e com o analista. Quando o paciente nos procura, vem através de um significante, "angústia", que é trabalhado nos atendimentos. No texto deixo claro: inicialmente, a primeira ligação, a transferência, é com a instituição. De alguma forma, isso é trabalhado para que apareçam sintoma e desejo. Há um encaminhamento no tratamento, construído com o analista praticante. Então, isso aparece e não se perde. Tanto que tive a experiência de pessoas que estavam comigo na clínica e que, quando foram para o consultório, não permaneceram. Ficou clara a transferência com a instituição. Também houve momentos em que isso foi sendo depurado, ao longo do tempo, e que apareceu a transferência com o analista, a construção do sintoma. Entendo a transferência com a instituição, quando ela se mantém, como um significante que permanece. É o lugar inicial, o marco inicial da procura pela análise, seu contato com a análise. Então, permanece.

Gostaria de falar sobre um detalhe do meu texto, onde digo que, em um caso, pensava ter havido um efeito terapêutico rápido: fiz uma supervisão após escrever o texto e, nessa supervisão, foi questionado se houve, mesmo, esse efeito. A paciente veio à clínica chorando muito, sem conseguir falar e fiz um corte. Na sessão seguinte, ela respondeu a algumas questões, se queixou e, depois, não apareceu mais. Então, com o corte, foi-se o gozo do choro e apareceu a palavra, houve a possibilidade da fala. No entanto, não sei se, realmente, o que aconteceu pode ser designado como um efeito terapêutico.

Luciana Legey: Sobre o que o Rômulo destaca quanto ao trabalho ter começo, meio e fim, é algo que aparece desde o primeiro paciente atendido por mim aqui. Fiquei em um impasse com relação a como daria um fim ao tratamento e, no caso, a própria paciente o fez. Acho isso interessante... A questão dos seis meses é um assunto para se falar bastante. Faz uma diferença, às vezes, para o próprio paciente, encerrar o tratamento – em alguns casos, talvez por conta da transferência com a instituição. Ele sabe que, de alguma forma, esse tempo está chegando. Nesse caso, ela encerrou antes dos seis meses. Depois, tentou ir ao meu consultório, foi uma vez só e não deu conta de ir mais. Tempos depois, me ligou, pedindo para que eu a atendesse no CLIN-a, pagando. Ela queria pagar, mas tinha uma questão, uma certa fobia de andar sozinha. No começo, o marido a trazia, depois ela vinha sozinha, mas só sabia chegar aqui. Neguei, disse que fosse ao consultório, mas o interessante é que aqui era o "lugar onde ela sabia chegar".

Outra coisa que também pensei bastante enquanto escrevia o trabalho é que a prática não precisa ser esclarecida para operar. Li sobre psicanálise aplicada e psicanálise pura e até tinha uma pergunta sobre o texto da Gabriela, onde ela fala o que eu queria perguntar: "essa necessidade de reenviar os praticantes à psicanálise pura teve seus ecos e a clínica do CLIN-a recuou". Fiquei na dúvida do que queria dizer isso porque, justamente, termino meu texto falando que o que se faz aqui é psicanálise. Quando falamos que uma prática não precisa ser esclarecida para operar, é como a Aparecida colocou: não sabemos, exatamente, qual foi o efeito, mas o analista só se autoriza de si mesmo e acho que ela tem motivo para dizer que aquilo que fez foi um corte, onde o gozo cedeu.

Marinalva Souza Santos: Gostaria de destacar alguns pontos do texto "Um tratamento malogrado não se recupera"[16], pois, para mim, inaugura questões no Seminário Clínico. Se ele não se recupera, seria sob qual aspecto? Algumas das minhas primeiras questões, ao trabalhar a construção de um caso clínico, são quanto a pensar porque fiz algo, de onde veio o que fiz. Então, alguns textos, como "A direção do tratamento e os princípios de seu poder",[17] trabalhado no Ciclo III, e outros que

16. GOROG, 1989.
17. LACAN, J. A direção do tratamento e os princípios do seu poder. In: *Escritos*. (Tradução de Vera Ribeiro). Rio de Janeiro: Jorge Zahar, 1998. (Trabalho original publicado em 1966).

discutimos no pequeno grupo[18] me permitiram questionamentos dentro da clínica. Pude articulá-los ao caso que atendo aqui no CLIN-a.

Quanto ao estilo do analista, que a Iris cita, acho muito interessante porque é uma questão que também me surge. Consegui entender que este estilo, que é o próprio homem – onde Lacan cita Buffon[19] – é o que se precisa colocar de si em um atendimento, em um caso clínico. Até a experiência no Seminário Clínico passa por aí.

Simone Souto: Primeiro, quero agradecer a Rômulo, à Maria do Carmo e a todos vocês pelo convite para estar aqui hoje. Para mim, é uma alegria participar com vocês desse trabalho.

Quando Rômulo me fez o convite, disse que gostaria que eu funcionasse como uma pessoa de fora, com um olhar, uma escuta de fora, e que eu pudesse pensar, juntamente com vocês, alguns elementos importantes para o percurso do CLIN-a. Pelo que entendi, vocês passaram por algumas transformações durante todo esse período de funcionamento. De 2012 para cá, começaram a atender individualmente – uma decisão institucional e clínica importante. Ao ler os textos, pensei em me ater a algumas questões que perpassam todos os textos, ao invés de me deter em cada um, separadamente. Espero que elas possam ajudá-los, que possam contribuir para o percurso de agora e para as modificações que pretendem fazer, já que essa é uma clínica em constante transformação. O que vocês fazem hoje terá de ser feito sempre. Esta conversação é contínua, porque diz respeito a uma clínica orientada pela psicanálise.

Nesse sentido, há pontos que me chamam a atenção por passarem pela questão da instituição e da transferência. Há uma pergunta que, até agora, não apareceu aqui, mas que nos textos aparece com força, principalmente nesta primeira mesa. Quase todos se perguntam sobre

18. Pequeno grupo formado por: Camila Popadiuk (coordenadora), Fernanda Carvalho, Heloisa Teixeira, Maria Veridiana S. Paes de Barros (ao longo de 2017) e Marinalva Sousa Santos.
19. LACAN, J. Abertura desta coletânea In: *Escritos*. (Tradução de Vera Ribeiro). Rio de Janeiro: Jorge Zahar, 1998. (Trabalho original publicado em 1966).

a prática "entre vários". Perguntam se ainda é possível dizer que existe uma prática "entre vários", hoje, depois da mudança no modo de funcionamento, ou seja, da passagem das oficinas (onde todos os profissionais atendiam um paciente, ou intervinham de alguma forma), para os atendimentos individuais.

Os textos que acenam com a possibilidade de que sim, ainda há uma prática "entre vários", colocam o acento no funcionamento entre praticantes e participantes, isto é, nas discussões entre os profissionais nos pequenos grupos, nas reuniões, nas supervisões, ou seja, há uma troca quanto à essa experiência, uma elaboração coletiva a respeito de uma prática que é individual e, por isso, poderíamos falar em "entre vários".

A prática entre vários ou feita por muitos, não é, exatamente, um conceito, mas um nome dado a uma prática que já existia como resposta a um problema. Diante da urgência dos sintomas graves da psicose, havia a necessidade de uma intervenção institucional que não podia escolher uma hora. Um paciente psicótico não escolhe se será justo na hora marcada com o analista que ele terá uma crise. Assim, faz-se uma clínica onde se pretende estar durante várias horas do dia e onde vários podem intervir – e intervir não é só atender. Qualquer um da instituição está atento para intervir em um momento em que uma palavra é necessária. Então, essa prática "entre vários" tem o foco no paciente, ela é "entre vários" para o paciente que lá está.

Quando pensamos a prática "entre vários" não em relação ao paciente, mas em relação ao praticante, há um deslocamento: é o praticante "entre vários", não mais o paciente. Temos de pensar nisso com cuidado porque é importante que o foco continue sendo as pessoas que procuram o CLIN-a para serem atendidas. Os pequenos grupos e as reuniões dizem respeito ao funcionamento da instituição – e são extremamente importantes –, mas não podem funcionar para tratar a angústia de quem trabalha, a angústia do praticante. Se essa angústia aparece, precisa ser tratada em supervisões e na análise pessoal.

Outra questão que apareceu agora, diz respeito à prática que não precisa ser esclarecida para operar. Realmente, vemos isso. Às vezes, operamos sem saber o que aconteceu e só vamos saber depois. Agora, é preciso saber depois. Saber, no sentido de saber dizer o que se faz. É o que a Aparecida traz: fiz um corte aqui, aconteceu isso, etc. Não é para se justificar, mas porque, na clínica, existe uma certa antecipação do ato e, muitas vezes, fazemos algo que opera sem sabermos exatamente o que aconteceu. É depois que nos damos conta e isso precisa ser compartilhado. Os pequenos grupos, a reunião geral e a apresentação dos casos clínicos são importantes para poder dizer, dar suas razões, se responsabilizar por aquilo que se faz. A prática psicanalítica não pode ser escondida, mesmo a do consultório. A Escola, por exemplo, existe para isso: apresentamos os casos e damos nossas razões. É isso que faz avançar a psicanálise.

Quando falamos de psicanálise na instituição não se trata de transferir o consultório para a instituição. Esta exige de nós outro tipo de postura com relação aos casos e é importante mantê-la no centro da discussão. É claro que há uma preocupação com a formação de quem trabalha ali, mas, em uma instituição de tratamento, não podemos colocar isso à frente do objetivo dela. O que interessa é partir de algo que não se sabe, que é o caso – e não se sabe duplamente. Primeiro, porque não se tem mesmo esse saber. Da posição de quem conduz um tratamento a partir de uma orientação psicanalítica, não se sabe do que o paciente está dizendo, não se aplica, ao caso, uma teoria. É o contrário: o caso é que nos ensina e nos coloca questões.

Além desse não saber, há, também, o que diz respeito ao funcionamento aqui proposto, parecido com um CPCT. Há dois elementos dos quais, realmente, não temos noção das consequências: a gratuidade e o tempo limitado. A princípio, não sabemos como fazer com isso e quais as consequências desses fatores em um tratamento. Esse é o grande pulo do gato, pois coloca todo mundo em pé de igualdade. Desse ponto de vista, praticante, participante e supervisor partem do mesmo ponto. Existem diferenças de percurso, mas, em relação à gratuidade e ao tempo limitado, todos querem saber algo.

Maria do Carmo Dias Batista: Primeiramente, agradeço a presença de todos. Foi uma agradável surpresa o número de trabalhos que tivemos e que mostram a grande implicação de vocês.

Como primeira observação, e entrando na questão desta mesa, o tema do funcionamento dos pequenos grupos se repete em muitos trabalhos. Reúnem-se uma ou duas vezes por mês e os casos atendidos são neles discutidos, além da reunião geral. A ideia era justamente ter o caso clínico como prioridade, embasá-lo teoricamente. Diversos textos questionam se o pequeno grupo funciona como um cartel. Inclusive, porque a montagem dos pequenos grupos não foi feita de forma aleatória, houve certa escolha para ficar em tal grupo, com determinado coordenador – se há diferenças, quais seriam?

Rômulo Ferreira da Silva: Os pequenos grupos foram definidos na reunião com os coordenadores, utilizando o critério do número de praticantes e participantes por grupo.

Maria do Carmo Dias Batista: Então, me parece que a diferença do pequeno grupo para o cartel está mais na formação, do que propriamente no funcionamento. E o coordenador, podemos pensá-lo como o mais-um?

Simone Souto: Qual a diferença entre o pequeno grupo e o cartel, com relação à formação?

Maria do Carmo Dias Batista: No cartel as pessoas se escolhem, elegem um tema e o mais-um, a partir de sua experiência subjetiva.

Eliana Machado Figueiredo: A partir da discussão com meu pequeno grupo[20], trago a questão de se teríamos um encontro com o analista nas primeiras entrevistas. É também um ruído, algo que me incomoda e

20. Pequeno grupo formado por: Antonio Alberto Peixoto de Almeida, Eliana Machado Figueiredo (coordenadora), Gabriela Malvezzi do Amaral, Iris Tiemi Tiba, Luciana Legey e Rosângela Santos (coordenadora).

me acompanha desde o ano passado. Essa discussão apareceu nas reuniões gerais.

Rosângela Santos: Discutíamos como denominar esse primeiro encontro: acolhimento, entrevista inicial ou primeiro encontro mesmo. Poderíamos chamar de encontro com o analista? Decidiu-se que não.

Rômulo Ferreira da Silva: Sim, claro. Nesta situação institucional, se nomeamos "encontro com o analista", automaticamente a instituição está autorizando o praticante como analista.

Simone Souto: Há algo importante nisso. A ideia do encontro com o analista marca uma diferença. Encontrar-se com o discurso analítico, com alguém que vai responder de outro lugar, é diferente de encontrar-se com alguém que dará um conselho. No entanto, há um cuidado que precisa ser constante: uma instituição de tratamento não autoriza ninguém a ser analista e, mais ainda, um analista não se autoriza a partir de sua prática, mas a partir de sua análise. Nesse sentido, o cuidado que Rômulo teve de não definir uma primeira entrevista como um encontro com o analista é importante. Tal definição poderia ser tomada como uma autorização e não se trata disso.

Eliana Machado Figueiredo: Talvez me enrosque nesse ponto porque, a partir do momento em que comecei a fazer entrevistas iniciais, antes chamadas "acolhimento", fiz supervisões para pensar o que se pode escutar e deixar cair no primeiro encontro para favorecer, ou não, que algo apareça nos seis meses de tratamento. Questionamos a importância do acolhimento, se o praticante que recebe o caso se utiliza da primeira entrevista feita por outro praticante. Outra dificuldade é pensar sobre os seis meses de tratamento, o que se encerra nesse tempo, e o que pode ser prorrogado.

Gustavo Oliveira Menezes: Quando a Simone pontua o duplo não saber e, me referindo também ao que foi dito por Eliana, lembro que nosso pequeno grupo[21] discutiu muito como se dá a passagem do tratamento na instituição para o consultório. Inevitavelmente, a transferência está relacionada ao fato de o analista praticante estar situado entre a instituição e o paciente. A Maria do Carmo traz a questão do estilo e acredito que algo do praticante que aparece ali determina, inclusive, o quanto a transferência será mantida com a instituição e o quanto pode ser deslocada para um atendimento que continuará, posteriormente, no consultório. É um detalhe que mexe com toda a configuração, pois mexe com a transferência.

Rômulo Ferreira da Silva: É importante essa discussão sobre os seis meses de duração do tratamento e saber o que, em cada caso, determina o tempo de atendimento. Alguns podem se encerrar em um mês, por exemplo.

Eliana Machado Figueiredo: Ou mesmo o paciente que interrompe antes, para evitar esse tempo determinado e proposto no início.

Gustavo Oliveira Menezes: O significante "ansiedade", por exemplo, aparece forte no início. Por isso, penso na posição do praticante e em como ele aparece na transferência, podendo, inclusive, sair ou não desse significante institucional.

Simone Souto: Talvez precisemos perguntar qual é a função da primeira entrevista. Tivemos uma experiência, em Belo Horizonte, com o CPCT, que acabou há alguns anos. As entrevistas iniciais eram feitas por membros da Escola. Uma ou duas entrevistas e depois o paciente era encaminhado para quem iria conduzir o tratamento. Tínhamos, portanto, uma equipe só para as entrevistas iniciais e outra para o tratamento. O que nos orientava nas discussões era localizar algo do problema libidinal daquele caso, já nas entrevistas iniciais. Qual o problema de gozo que o paciente traz e

21. Pequeno grupo formado por: Aparecida Santa Clara Berlitz, Cynthia Gindro, Eliane Pfeferman Erdman, Gustavo Oliveira Menezes (coordenador) e Lilian Beiguelman.

o que está em jogo, para além da queixa. Lógico que, muitas vezes, essa questão não ficava clara no começo, mas apontamentos nessa direção orientam e são válidos para intervenções durante o tratamento de curta duração. Elas ajudam a reduzir, indo direto ao ponto, evitando abrir várias cadeias significantes e proliferação dos sentidos. Com relação ao encerramento, estou de acordo com o Rômulo: o caso irá nos dizer. Pode ser suficiente, por exemplo, apenas as entrevistas iniciais.

Silvia Jacobo: Gostaria de agradecer os trabalhos. Gostei muito de todos, pois me ensinam e me colocam questões. Uma das questões que gostaria de acrescentar à conversa está relacionada com o lugar da instituição na transferência. Penso a instituição como um lugar que oferece a palavra e isso não se encontra em qualquer esquina, como disse Jacques-Alain Miller. A partir do texto sobre Psicanálise Pura e Psicanálise Aplicada[22], nosso grupo[23] pôde pensar o lugar da instituição na transferência. Independentemente da psicanálise pura ou aplicada, o tratamento é focado no sintoma do paciente e, necessariamente, aparecerá a questão da temporalidade e da gratuidade. Ou seja, a demanda e a formalização de uma questão para o paciente estarão localizadas no próprio gozo, atravessadas pela transferência com a instituição, pela gratuidade e pela temporalidade.

Mirmila Musse: Gostaria de retomar um trecho do texto do nosso grupo[24]: "A clínica do CLIN-a tem uma dupla responsabilidade: primeiro em relação aos pacientes atendidos na instituição e, segundo, em relação à formação dos praticantes, acompanhando de perto sua prática clínica no Instituto". No estatuto, consta que o CLIN-a é uma Organização da Sociedade Civil de Interesse Público (OSCIP) e presta atendimento à

22. MILLER, J-A. Psicanálise pura, psicanálise aplicada & psicoterapia. *Opção lacaniana online*, n. 22, 2017. Disponível em: <http://www.opcaolacaniana.com.br/nranterior/numero22/texto1.html>. Acesso em: 30 jun. 2019.
23. Pequeno grupo formado por: Aline Oliveira, Ana Maria de A. Guerra Mendy, Cristiane Mendes (ao longo de 2017), Estanislau Alves da Silva Filho, Maria Veridiana S. Paes de Barros, Sabrina Pontes (ao longo de 2018) e Silvia Jacobo (coordenadora).
24. Pequeno grupo formado por: Janaina de Paula Costa Veríssimo, Mirmila Musse (coordenadora), Paula Catunda (coordenadora), Rejane Tito e Tissiane Gushiken da Silva.

população, como contrapartida ao Estado. Ao mesmo tempo, o Rômulo enfatiza isso, não somos um serviço público, como um Centro de Atenção Psicossocial (CAPS), de portas abertas. Em relação à formação dos praticantes, há uma lógica baseada em ensino e pesquisa, tentativa de atrelar o Seminário Clínico aos Ciclos de Ensino. A reconfiguração do Seminário Clínico, a meu ver, também vai na direção da formação: pensar a partir da construção do caso. O atendimento de um lado, e a formação do praticante, de outro.

Por fim, queria acrescentar algo sobre a transferência com a instituição. Para além dos significantes "ansiedade" ou "psicanálise" que, de fato, geram transferência para quem procura atendimento, é preciso pensar em outros significantes que nos trazem questões sobre a clínica do contemporâneo e aparecem na singularidade de cada caso. Muitos dos pacientes procuram atendimento porque encontram na internet "gratuito, psicólogo, localização geográfica por bairro", etc.

Simone Souto: Há um primeiro momento em que os significantes causam transferência com a instituição: gratuidade, pesquisa, etc. É importante para o paciente procurar e aceitar o tratamento. Mas uma passagem precisa ser feita. O caso que a Luciana traz parece fazer isso muito bem: a transferência com a instituição ficou marcada para a paciente e foi importante no tratamento, mas se deslocou em um segundo momento.

Hoje, tenho experimentado, em minha clínica, que a transferência tem ficado cada vez mais rarefeita. Ela não existe mais como uma transferência com o grande Outro, principalmente quando se trata dos jovens. Eles não supõem que você saiba algo sobre eles. Trata-se de uma fala mais ou menos sozinha, mais do lado da satisfação do que da comunicação, mas que, no entanto, paradoxalmente, é essencial e necessário que haja alguém ali. Nesse nível da prática analítica, podemos dizer que o amor de transferência se sustenta na suposição de um saber no real e não na suposição de um saber no Outro, ou seja, a suposição é a de que o sintoma conserva um sentido no real, é essa a suposição que acompanha a fala analisante. Quando endereçada a um analista, a fala faz surgir a crença no sintoma. Assim, quem atende opera de forma a fazer supor que naquele sofrimento, naquele sintoma, há algum sentido. Trata-se de uma prática, de certa forma, mais discreta. Miller diz que o analista, hoje, é menos criacionista, ou seja, menos afeito a grandes interpretações. O analista, diz ele, se porta mais como um "intruso"[25] porque introduz um sentido e uma suposição onde não há. É isso que faz surgir o amor de transferência, como diz Miller, "(...) o sujeito suposto é amor, na medida em que introduz sentido e saber no real".[26] O amor é, portanto, a única via pela qual o real inclui sentido e saber e, assim, faz falar o sintoma. O paciente chega com um problema de gozo, onde não há sentido algum. O tratamento faz com que ele acredite que aquilo tem algum sentido, por isso, a importância da palavra.

Outro ponto é a questão da formação do analista e do caso clínico, trazida pela Mirmila. Em uma instituição de tratamento, cuidamos da prática. A formação do analista é outra coisa, ela é de cada um. É um percurso que não é feito coletivamente. Trata-se, principalmente, da análise e da supervisão de cada um. O que vem com a discussão de um caso são efeitos de formação.

Rômulo Ferreira da Silva: Quanto aos efeitos de formação, para além de oferecermos a alguém a possibilidade de atender, é dada uma orientação, a possibilidade da supervisão, da construção do caso e da discussão teórica.

Fernanda Carvalho: Questiono se o que fazemos é clínica "entre vários". A partir dos textos, pode-se pensar que sim porque, por mais que o paciente não sofra intervenção de todos, algumas decisões são coletivas, tanto no pequeno grupo quanto na reunião geral. O caso da Marinalva, por exemplo, foi discutido nesses dois dispositivos. Isso se configuraria como uma prática "entre vários"?

25. MILLER, J-A. *Perspectivas do Seminário 23:* O Sinthoma. Rio de Janeiro: Jorge Zahar, 2009.
26. MILLER, J-A. *El lugar y el lazo*. Buenos Aires: Paidós, 2013, p. 134.

Rômulo Ferreira da Silva: É interessante a diferença feita pela Simone, a qual vai, um pouco, na direção oposta ao que você disse. O que acontece nesta instituição e que, talvez, fosse a favor de uma prática "entre vários", tem a ver com a contingência de um paciente, por exemplo, que faz da sala de espera com as recepcionistas um atendimento outro e que isso chegue até a coordenação da clínica, até o coordenador do pequeno grupo; porém, não chegue em quem está atendendo aquele paciente. Nesse aspecto, se aproxima um pouco da prática "entre vários". No entanto, a Simone diferencia e separa a prática "entre vários" ocorrida no início da clínica do CLIN-a, da que vivemos agora.

Simone Souto: Não sei se é possível falar em decisão coletiva. Em um tratamento, a decisão se dá entre quem está tratando e quem está sendo tratado. Mesmo que o caso seja discutido no pequeno grupo, ou em reunião geral, a intervenção do praticante é quando o paciente fala. Sempre há a possibilidade de discussão *a posteriori*, mas a decisão é sempre de um.

Fernanda Carvalho: Tenho outra questão, a respeito da determinação do tempo de seis meses de tratamento. Ele pode durar um, dois meses, mas como funciona o encerramento? Será o paciente que trará a questão do término ou da continuidade? Somos nós que abordaremos a questão ao fim do prazo estabelecido, ou o paciente que decidirá?

Antônio Alberto P. de Almeida: O livro recém-lançado de Angelina Harari, *Fundamentos da prática lacaniana: corpo e risco*,[27] aborda muitos aspectos da discussão que estamos fazendo aqui com relação à psicanálise pura e aplicada, inclusive, porque a segunda ajuda a pensar a primeira. Como podemos usar esse dispositivo do CLIN-a para pensar tanto a clínica contemporânea, como a psicanálise pura? Referindo-se à clínica contemporânea, a Angelina usa os significantes "corpo" e "risco".

27. HARARI, A. *Fundamentos da prática lacaniana:* corpo e risco. Belo Horizonte: Relicário Edições, 2018.

O risco tomado até em uma perspectiva sociológica e, em uma análise, no sentido da retificação da posição subjetiva. Levanto a questão de como pensarmos psicanálise, corpo, risco e contemporaneidade, a partir do trabalho desenvolvido aqui.

Rômulo Ferreira da Silva: Isso retoma a questão abordada por Simone sobre a contemporaneidade e a não suposição de saber no analista, principalmente no que se refere aos jovens. Quase como se não interessasse quem estará ali. É necessário, primeiro, alguém que escute para que se instale o dispositivo analítico. A partir daí, tudo muda.

Simone Souto: O ponto exato da questão é o analista ali presente não se configurar como grande Outro.

Rômulo Ferreira da Silva: Chega a um extremo que, se pensarmos em uma instituição, quase não há diferença de quem está atendendo. Quando o profissional sai de férias ou se aposenta, o paciente lamenta, mas está interessado apenas em saber quem será o próximo a atendê-lo. Isso acontece, também, no consultório, quando o paciente muda de analista conforme a localização geográfica, mesmo que o corpo esteja sustentando essa presença. Atendi um paciente que tinha uma errância que me fazia pensar em um diagnóstico de psicose. Alguém superinteligente, fazendo formação em Economia e Administração. Quando houve uma entrada em análise, ele se mudou para o exterior. Indiquei vários analistas e ele fez questão de continuar comigo. Neste caso, a transferência se instalou.

Antônio Alberto P. de Almeida: O caso que Angelina cita no início do livro vai nessa linha: um paciente que viajou para o exterior e quis seguir em análise com ela. Houve consentimento de um tratamento virtual, mas a partir de uma retificação subjetiva. Em um segundo momento, em uma entrada em análise, o paciente decide procurar alguém da própria cidade.

Rejane Tito: Penso como construir a hipótese diagnóstica e a singularidade do caso, em seis meses de atendimento. Aqui, na instituição, isso tem um caráter próprio porque implica em uma relação direta com o grupo e com os efeitos de formação. Para mim, o tempo implicou em questionamentos e articulações sobre o percurso de cada um, diagnóstico, conceitos, leituras e o que o caso traz de singular. São questões que levei para o pequeno grupo e que elaborei a partir do meu incômodo ao longo do percurso do atendimento de um caso grave. Essa relação que faço, hoje, é uma localização um pouco mais precisa disso.

Paula Catunda: Para mim, a questão "entre vários" tem a ver com a formação e com o percurso da clínica do CLIN-a. No começo dela, somente membros atendiam. Hoje, pessoas com diferentes percursos o fazem – e não com tanta experiência, como os membros. Há uma questão de formação que, inclusive, é discutida no Seminário Clínico, mesmo que cada um tenha sua supervisão e sua análise. Os pequenos grupos estão ligados à formação e isso se reflete no trabalho, como efeito de formação.

Rômulo Ferreira da Silva: Novamente, é muito importante a distinção que a Simone fez. Lembrei-me de um caso no qual Angelina e eu compartilhamos o atendimento. Além de nós dois, havia um neurologista e uma psicóloga que atendeu o filho do paciente. O caso era construído a partir de um pedacinho aqui, um pedacinho ali, outro dali. Quando conversávamos, Angelina e eu, uma orientação de tratamento se produzia. Certo dia, a Angelina brincou: *"isso que é, realmente, uma prática 'entre vários'!"*. Quer dizer, não precisamos estar em uma instituição. É o ponto colocado pela Simone: na prática "entre vários", trata-se do paciente poder fazer uso de vários dispositivos, de vários analistas ou não-analistas, e é isso que trará elementos para a construção do caso.

Simone Souto: É fundamental pensar do ponto de vista do paciente, pois é ele quem faz uso de vários. Chama minha atenção vocês dizerem da prática "entre vários", deslocando-a do caso para o praticante, como se fosse ele o visado na prática "entre vários". É um cuidado que devemos ter, pois não se trata disso. Claro que há um efeito de formação desejável e necessário em uma instituição de ensino – e é por isso que se discute o caso. No entanto, isso não define a prática "entre vários".

Rômulo Ferreira da Silva: A Paula lembrou que, no início do CLIN-a, a prática "entre vários" era feita por membros de Escola.

Paula Catunda: Antigamente, havia por volta de três alunos e mais de dez pessoas que atendiam. A discussão era diferente. Agora, é o contrário, e essa passagem exige uma elaboração.

Gabriela Malvezzi do Amaral: A partir da fala da Mirmila sobre a Internet, a respeito de como os pacientes chegam até a clínica, surgiu uma questão que articulo com o Outro social. Um tema presente na primeira revista *Entrevários* é a interface entre o significante "ansiedade" e a saúde mental. Eu me perguntava como podíamos pensar isso na clínica hoje. Faço um recorte de um caso que atendi aqui: uma paciente de vinte e poucos anos procurava vídeos no YouTube para ver se as perguntas que surgiam nesses vídeos podiam ser, também, perguntas dela, pois, nesse caso, seria possível para ela obter, nesses vídeos, também, as respostas. Como se as perguntas do YouTube precipitassem perguntas e respostas para as próprias questões dela.

É por aí que começo a responder minha questão porque, nesse sentido, a própria existência da clínica interpreta, justamente, por causar, por fazer laço. Daí gostaria de pensar a gratuidade, também, como uma interpretação – tanto a gratuidade, quanto o tempo limitado de tratamento, na verdade – por esse ponto que a Simone coloca, de jovens que falam de outro lugar – mesmo que você esteja ali –, em uma conversa meio para si. Observo isso nessa paciente e, agora, posso pensar nessa interface com o Outro social, nos efeitos que a clínica tem no social.

Simone Souto: Na época do surgimento dos CPCTs, Miller se referia à relação entre o tempo e a gratuidade, em como um contrabalanceia o outro. Você oferece algo gratuito, mas por pouco tempo. Não é uma oferta igual à do Outro social, que precisa atender todos os que chegam e que é regida por querer o bem do outro – sabemos que isso só leva ao pior. Não estamos do lado desse Outro social, não somos essa resposta padrão. Esse caso que você traz é muito interessante, porque o simples fato de existir uma clínica que trata do um a um, que escuta cada pessoa sem uma resposta padrão, já é uma interpretação, uma intervenção no Outro social. A existência da psicanálise, do discurso analítico, interpreta o Outro social o tempo todo. O simples fato de existir uma clínica como o CLIN-a, já o interpreta. Como assim psicanalista oferecendo algo de graça? A psicanálise tem fama de cobrar caro por um tratamento com duração de muitos anos. De repente é oferecido um tratamento com duração de no máximo seis meses e gratuito, isso interpreta o Outro social. No caso que você traz, a paciente acha que encontraria as respostas no YouTube. De certa forma, primeiro ela parte de perguntas e respostas prontas, para depois pensar sobre as perguntas e respostas dela.

Gabriela Malvezzi do Amaral: E esses pontos têm relação, inclusive, com a questão da internet: ela é uma das pessoas que encontrou a clínica do CLIN-a na internet e vem porque é gratuita. Isso, de fora para dentro, me remete a pensar no funcionamento e na importância da existência da clínica.

Janaina de Paula Costa Veríssimo: Parece que a questão da gratuidade e do curto tempo de duração angustia muito mais os praticantes do que os próprios pacientes. Quando eles chegam, já são advertidos dessa condição. Isso nos coloca a trabalho, não sem angústia.

Eu me perguntava sobre meu endereçamento ao Seminário Clínico, sobre o que o Seminário pode oferecer para a comunidade – para o social e para uma comunidade que se pretende analítica. Precisamos pensar que os não-membros também podem encontrar uma comunidade analítica de trabalho. Até localizei isso no texto que escrevi, a partir de um texto do Bernardino Horne,[28] que me foi muito precioso. Ele fala que trabalhar em uma comunidade analítica complementa o tripé da formação. Isso vai ao encontro do que a Maria do Carmo diz – e, obviamente, concordo com você. Diante da pergunta da Fernanda, você marca a relação com a causa, com a formação. Essa será sempre solitária, mas podemos dividir algo com pares e colegas.

Simone Souto: Claro, inclusive, é importante que a discussão não fique apenas entre pessoas do mesmo grupo. Podemos retomar esse assunto quando falarmos dos pequenos grupos e do cartel. É preciso que haja uma interlocução para que se saiba o que está sendo feito aqui. Lembro-me de uma reunião com Éric Laurent, na qual recomendava que a prática do CPCT não se tornasse algo fechado. É preciso que a comunidade analítica saiba do que se trata, saiba do que acontece aqui.

Gustavo Oliveira Menezes: Com relação ao "entre vários", ponto que pouco discutimos, ele marca o CLIN-a. Inclusive, temos uma revista que se chama *Entrevários*. Em seu texto, a Cynthia cita uma contribuição do Di Ciaccia: "(...) [a prática entre vários] pode se dar de diversas maneiras, desde ser com várias pessoas em uma parceria, até a prática entre vários, que o 'vários' se reduz, como acontece no dispositivo analítico, aos quatro elementos em jogo em todo discurso"[29] – o significante "entre vários" aparece como algo que gira no próprio discurso analítico.

Simone Souto: Há algo na questão do "entre vários" que não diz respeito, exatamente, a várias pessoas, mas a uma ética do discurso e a uma ética da psicanálise. Os discursos giram e não se está ali com um saber *a priori*. É assim que entendo o que Di Ciaccia diz.

28. HORNE, B. Trajetória da formação do analista. *Opção Lacaniana*, n. 33, 2002.
29. Di CIACCIA, A. Inventar a psicanálise na instituição. In: *Pertinências da psicanálise aplicada: trabalhos da Escola da Causa Freudiana reunidos pela Associação do Campo Freudiano*. (Tradução de Vera Avellar Ribeiro). Rio de Janeiro: Forense Universitária, 2007.

Paula Catunda: O Di Ciaccia fala algo do estilo, que usamos em nosso texto, ele diz que podemos brincar e jogar com isso: existe você, o João, a Maria...

Simone Souto: Nunca se está, exatamente, só você. Quando você atende, não há só você ali.

Paula Catunda: Nas entrelinhas, ele diz que é uma brincadeira.

Simone Souto: Se quiser ser mais freudiano: o paciente está sempre acompanhado do pai, da mãe...

Maria do Carmo Dias Batista: Quero retomar a questão da transferência levantada pela Simone (que teve um efeito de formação em mim) sobre os pacientes que nos procuram com uma questão indefinida, não em busca de instituir um saber, um suposto saber. Pelo contrário, isso se dará no processo. Caberá, nesse trabalho, uma suposição que é menos ao grande Outro do que ao sentido do sintoma. Caberá ao "analista intruso" conseguir, justamente, introduzir um sentido onde não há nenhum. Isso é precioso. Junto a algo que Éric Laurent disse em nosso curso para membros da EBP, no Rio de Janeiro[30]: não à toa, em uma mesa de casos clínicos, havia três casos de psicose. É o que aparece, hoje, na clínica. Além dos casos "desbussolados", há os que não têm um apreço pelo sentido, precisa ser desenvolvido. Ocorre nas diferentes formas de psicose e, também, na neurose. Tenho notado transferências muito estranhas, erotomaníacas, e, às vezes, paranoicas na neurose. Algo bem diferente e característico de nossa época.

Simone Souto: Queria voltar na questão da Rejane, na dificuldade em articular a hipótese diagnóstica e a singularidade. É uma questão importante, principalmente, em uma instituição de ensino. Como não "sufocar"

30. Curso ocorrido previamente ao XXII Encontro Brasileiro do Campo Freudiano – "A Queda do Falocentrismo e suas Consequências para a Psicanálise", de 23 a 25 de novembro de 2018, no Rio de Janeiro.

a singularidade do caso com a preocupação diagnóstica. Muitas vezes, trazemos certos parâmetros, já mais conhecidos por nós, para desenhar o caso. Miller, em seu Curso "Coisas de fineza em psicanálise", lembra da importância dos detalhes e das sutilezas do caso, que não podem ser apagados diante do diagnóstico. Ao mesmo tempo, sigo achando o diagnóstico extremamente importante, pois orienta o tratamento, exatamente pelo que a Maria do Carmo disse, de a fronteira entre a neurose e a psicose ficar cada vez mais difusa, encontramos atualmente uma dificuldade em fazer o diagnóstico. Precisamos nos orientar, em primeiro lugar, pela singularidade do caso – pois, é o que traz algo de novo para a clínica psicanalítica. O caso do Homem dos Lobos,[31] por exemplo, tornou-se tão importante para a psicanálise por apresentar a Freud coisas que ele ainda não havia visto. A comunidade analítica passou anos numa querela diagnóstica: neurose ou psicose? Até hoje essa discussão permanece. Freud tinha um diagnóstico de neurose obsessiva para o Homem dos Lobos. Hoje, dizemos, tranquilamente, que era um caso de psicose. Mas vemos que o fato de Freud ter diagnosticado o Homem dos Lobos como uma neurose obsessiva não sufoca os detalhes do caso: estão todos lá, para podermos dizer, hoje, que se tratava de uma psicose. É importante não apagarmos vestígios ou dificuldades para, simplesmente, encaixar um diagnóstico. Temos de captar e enfrentar o que não se articula muito bem, sem apagar os vestígios.

31. FREUD, S. História de uma neurose infantil. In: *Edição Standard Brasileira das Obras Psicológicas Completas de Sigmund Freud.* (Vol. XVII). Rio de Janeiro: Imago, 1976. (Trabalho original publicado em 1918)

MESA 2

Coordenação: Maria do Carmo Dias Batista
Transcrição: Sabrina Pontes Sudano e Eliane Pfeferman Erdman
Estabelecimento: Gabriela Malvezzi do Amaral
Revisão: Antonio Alberto Peixoto de Almeida e Janaina de Paula Costa Veríssimo
Versão final: Maria do Carmo Dias Batista, Simone Souto e Rômulo Ferreira da Silva

Discussão dos trabalhos:
Aline E. M. Oliveira: "Clínica do CLIN-a: uma experiência viva"
Camila Popadiuk, Fernanda Cristina Gomes de Carvalho e Heloisa S. Teixeira: "O pequeno grupo enquanto uma prática entre nós: o que há para enunciar?"
Eliane Pfeferman Erdman: "Na condição de participante: o que o Seminário Clínico me traz"
Gustavo Oliveira Menezes: "Poderia o pequeno grupo funcionar como um cartel?"
Janaina de Paula Costa Veríssimo: "Apaziguar o entusiasmo: a analisante *errática*"
Lilian Beiguelman: "Um breve relato de uma não tão breve experiência"
Maria Veridiana S. Paes de Barros: "Construções sobre a transferência de trabalho no Instituto a luz do ensino de Lacan"
Rejane Tito: "Interrogações sobre a prática: diagnóstico e singularidade"
Rosangela dos Santos e Eliana Machado Figueiredo: "Nem cartel, nem grupo, como se insere a lógica do minigrupo?"
Sabrina Pontes: "De que se trata o pequeno grupo?"
Silvia Jacobo: "A experiência do inconsciente"

Maria do Carmo Dias Batista: Começo destacando a ênfase que vários dos trabalhos desta mesa dão à mudança ocorrida no ano de 2018, quando o Seminário Clínico do CLIN-a passou a funcionar em pequenos grupos. Há uma discussão sobre esse funcionamento: seria uma experiência equiparável ao cartel? O texto do Gustavo[32] enfatiza esse ponto, compara as duas modalidades e coloca questões a partir do mais-um – se a função de coordenador do grupo se assemelharia à do mais-um. Seria a experiência do Seminário comparável à do CPCT, como na interlocução que a Lilian faz em seu trabalho[33]? Ou seria uma experiência "entre nós" – substituição do "entre vários" por "entre nós", feita pelo grupo de Camila, Fernanda, Heloísa e Marinalva[34]?

Inclusive, o "entre nós" delineia, de alguma maneira, o ponto anteriormente exposto por Simone. Se nos dispositivos de Saúde Mental, como em um Centro de Atenção Psicossocial (CAPS), a experiência "entre vários" é voltada para os pacientes, chamar o lado dos praticantes e dos participantes do Seminário Clínico de "entre nós" estabelece uma diferença importante. Podemos levar isso adiante nesta discussão...

Rosângela e Eliana[35] denominam o pequeno grupo de "mini grupo" e questionam sua lógica e a do cartel. Maria Veridiana[36] associa o cartel ao pequeno grupo, devido aos efeitos semelhantes, seja de indução ao trabalho ou de transferência de trabalho. Sabrina[37] também relaciona

32. O mencionado trabalho está incluído neste livro como parte do material do texto "Transferência de trabalho e transmissão do ensino: da Escola ao Seminário" (Gustavo Oliveira Menezes, Maria Veridiana S. Paes de Barros e Silvia Jacobo).
33. O mencionado trabalho está incluído neste livro como parte do material do texto vapt-vupt "Um breve relato de uma não tão breve experiência" (Lilian Beiguelman).
34. O mencionado trabalho está incluído neste livro como parte do material do texto "A experiência como uma prática entre nós" (Rosângela Santos, Eliana Machado Figueiredo, Camila Popadiuk, Maria Veridiana Paes de Barros, Marinalva Santos, Fernanda Carvalho e Heloísa Teixeira).
35. Idem.
36. O mencionado trabalho está incluído neste livro como parte do material do texto "Transferência de trabalho e transmissão do ensino: da Escola ao Seminário" (Gustavo Oliveira Menezes, Maria Veridiana S. Paes de Barros e Silvia Jacobo).
37. O mencionado trabalho está incluído neste livro como parte do material do texto o vapt-vupt "O que o pequeno grupo provoca" (Sabrina Pontes Sudano).

o pequeno grupo à transferência de trabalho e, para pensá-lo como um dispositivo que permite sair da preguiça, se vale de Miller[38].

A propósito da discussão surgida nesses trabalhos, quero lembrar que o cartel é inscrito na Escola e o pequeno grupo pertence ao Instituto. Isso, eu diria, não é sem consequências.

Silvia[39] enfatiza a experiência do inconsciente como fundamental na clínica do CLIN-a. Retoma a prática "entre vários" – em sua concepção, essa permanece –, a qual possibilita ir do sofrimento do sujeito à elaboração de uma questão e ao esboço de um sintoma. É interessante a ilustração de como pensa o desenvolvimento do caso clínico na instituição. Também interessante é a experiência de mudança subjetiva que Eliane[40] traz em seu trabalho: mostra como sai de uma posição de certo desapego para uma mais implicada, na qual se coloca, discute, fala. Aline[41] escolhe o significante "construção" para definir sua experiência como participante neste ano e, também, a experiência da clínica, que afirma estar em constante construção/desconstrução.

Passando a um enfoque no tema da supervisão, Rejane[42] discute o lugar desta em relação ao diagnóstico de um caso atendido; o que ela vinha dizendo antes, quanto à relação entre a singularidade do caso e o diagnóstico. Janaina[43], por sua vez, se utiliza de uma citação de Miller para discutir o entusiasmo, do lado do analista, em um caso clínico e, também, os efeitos da supervisão no mesmo caso.

38. MILLER, J-A. Cinco variações sobre o tema da elaboração provocada. In: *O Cartel: conceito, e funcionamento na Escola de Lacan*. Rio de Janeiro: Campus, 1994.
39. O mencionado trabalho está incluído neste livro como parte do material do texto "Transferência de trabalho e transmissão do ensino: da Escola ao Seminário" (Gustavo Oliveira Menezes, Maria Veridiana S. Paes de Barros e Silvia Jacobo).
40. O mencionado trabalho está incluído neste livro como parte do material do texto vapt-vupt "Na condição de Participante o que o Seminário Clínico me traz" (Eliane Pfeferman Erdman).
41. O mencionado trabalho está incluído neste livro como parte do material do texto "Uma clínica *entrevários*: o que nos resta desse conceito?" (Cynthia Gindro, Eliana Machado Figueiredo, Janaina Veríssimo, Mirmila Musse, Paula Catunda e Tissiane Gushiken).
42. O mencionado trabalho não foi incluído no livro.
43. O mencionado trabalho está incluído neste livro como parte do material do texto "Efeitos de supervisão: equívoco, rinocerontes e entusiasmo" (Janaina de Paula Costa Veríssimo).

Heloísa Teixeira: Este significante "entre nós" surge preservando no pequeno grupo uma vacuidade – no sentido de uma incompletude, mesmo. Quando chego na clínica, o pequeno grupo me parece um lugar vazio, onde podemos construir. Ele é inaugural, não aparece nem na literatura; é partição de um grupão, que é o Seminário Clínico. O pequeno grupo começa a se fazer neste lugar onde não havia nada e, então, surge esse significante, o "entre nós". Algo já estava sendo vivido ao longo do processo, não houve uma ansiedade para nominação. Cartel, pequeno grupo, CPCT, entre outros, são tentativas de nomear rápido, mas o espaço está em devir. Para mim, o que havia, desde o princípio, e que possibilitou engatar trabalho e transferência, era a parceria. Chamamos de uma parceria sintomática, digamos assim, mas apenas para não angustiar com a tentativa de dar nomes a alguma coisa que ainda não existia.

Simone Souto: Parceria em que sentido?

Heloísa Teixeira: Parceria "entre nós". Começamos com isso. Tínhamos liberdade para construir o grupo, havia um lugar sempre vazio – que chamo de vacuidade – de onde as produções aconteciam. O pequeno grupo estava por vir, era aberto.

Maria do Carmo Dias Batista: Não por acaso o texto de vocês começa falando do pequeno banquete dos analistas...[44]

Camila Popadiuk: Ao longo desses dois anos experimentei, justamente, a novidade do pequeno grupo. No nosso, em particular, além de nos reunirmos para discutir textos e casos atendidos pelas praticantes, também nos prestamos a tentar formalizar o que era o pequeno grupo, esse dispositivo novo inserido no Seminário Clínico. Quer fosse ele aproximado de um cartel, ou de outra coisa, queríamos chegar em algo que pudéssemos dizer: "o pequeno grupo é isso". A partir do significante

44. MILLER, J-A. *El banquete de los analistas*. Buenos Aires: Editorial Paidós, 2010.

"entre nós", fizemos uma leitura retroativa e verificamos que, de fato, houve circulação da palavra e efetivação da proposta de construir casos. Então, essa discussão permeou nossas reuniões e nosso texto marca uma produção feita em grupo.

Também retomo a proposta inicial do pequeno grupo de tratar um pouco a inibição que começou a aparecer no Seminário Clínico anteriormente, quando o grupo único era o modo de funcionamento. Em apresentações de casos, praticantes e comentadores tinham certa dificuldade de falar da prática que faziam no CLIN-a. No texto de nosso grupo, nos perguntamos se essa intenção de tratamento operou e ouso dizer que sim. Essa conversação, inclusive, é um efeito. Outro efeito foi a permutação espontânea dos integrantes que passaram de participantes a praticantes. E eu também gostaria de saber como isso foi experimentado nos outros grupos.

Lilian Beiguelman: Pensando nessa experiência do CLIN-a como uma experiência baseada nos CPCTs, há, sim, um modelo anterior. No começo, quando surgiu a ideia do funcionamento como cartel, foi mencionado que poderia haver confusão, pois o cartel precisa ser inscrito na Escola, precisa do mais-um. E é completamente diferente desta proposta.

Essa função de redução do grande Outro, que estava muito consistente, aconteceu. As pessoas ficavam, realmente, muito tensas para expor um trabalho. O pequeno grupo reduziu isso e aconteceu uma transferência de trabalho com pessoas que nem escolhemos para trabalhar – não sabíamos quem seriam os integrantes do grupo, até chegar aqui. Foi uma experiência rica, diferente e produtiva.

Eliana Machado Figueiredo: Viemos, então, da experiência onde os efeitos de grupo estavam muito presentes. Até para buscar supervisão tínhamos a questão da inibição. E surgem estes outros significantes: mini grupo, pequenos grupos e cartel – antídotos para lidar com aquela dificuldade que havia. Em um primeiro momento, os pequenos grupos também trouxeram efeitos de grupo, por terem sido formados previamente, sem que se escolhesse qual grupo integrar. Falamos, no nosso trabalho, sobre como manejar isso, para que o trabalho acontecesse. Surgiu a transferência de trabalho e a transferência em todos os seus vieses e possibilidades. O fato de poder escrever sobre isso é um saldo positivo da transmissão que pode ser feita no pequeno grupo.

Maria do Carmo Dias Batista: "O que se transmite em psicanálise é da ordem do não saber, marca própria do psicanalista e condição da interrogação sobre a verdade e sobre o impossível" – isto está em seu trabalho.

Maria Veridiana S. Paes de Barros: Em meu trabalho, trato da diferença do cartel para o pequeno grupo: não é um cartel, mas tem efeitos de cartel, pela circulação do saber, da palavra, pelo desejo de produzir um saber, de construir um saber, que eu acho que é a transferência de trabalho.

A Simone falou da formação, que não se daria aqui, no Seminário Clínico, mas gostaria de colocar que ele nos convoca ao tripé (análise, supervisão, ensino). Essa é uma das coisas importantes da formação e que não estava acontecendo antes. Saímos daquele fenômeno de inibição e surgiu uma transferência de trabalho que traz o desejo de construir o caso clínico. Entendo o que você diz, sobre o Instituto não ser o lugar de formação. Também penso no que transmite o Instituto, no que transmite a Escola, no que é a transmissão da psicanálise formulada por Lacan como indução do trabalho. E penso que se a transmissão da psicanálise é a indução ao trabalho, o Seminário Clínico, nesse novo modelo, transmitiu a psicanálise, induzindo até o que estamos vendo aqui, hoje.

Simone Souto: Essa questão da indução ao trabalho é muito bem lembrada. É, exatamente, o ponto. Enquanto se está preocupado com o que vão dizer do que se faz, se está preocupado consigo, não com o caso. Indução ao trabalho é isto: estamos aqui para atender as pessoas, para dizer o que estamos fazendo. Como vamos nos despojar das próprias questões imaginárias e fazer o trabalho aparecer em primeiro lugar? Porque é isso que causa a inibição – essa dificuldade das pessoas se colocarem, inclusive, com essas mesmas dificuldades. Estamos aqui, exatamente, para discutir as dificuldades. O que já sabemos não precisamos discutir. Justamente: é a partir do que não sabemos que discutimos. Então, a lembrança dessa expressão, indução ao trabalho, é muito boa porque coloca em primeiro plano o mais importante.

O "entre nós" foi um modo encontrado para tratar um fenômeno que estava acontecendo no grande grupo, a inibição. O pequeno grupo facilita que as pessoas possam se colocar, que possam discutir casos, etc. Contudo, parece-me importante também pensar assim: "entre nós" e "alguns outros". O fato de eu estar aqui, hoje, diz disso, de alguns outros com os quais é preciso compartilhar essa experiência. Não se pode ficar só no "entre nós". Isso, também, é importante.

Quero passar à questão da preguiça, que é muito boa. Alguém mais vai falar sobre pequeno grupo?

Silvia Jacobo: Sim, quanto a nomear ou não de "grupo", palavra que não gosto. Eu insistia em "equipe de trabalho". "Grupo" remete à massa, ao que *tem* de ser feito a partir do mestre que ordena. Mas, lendo os trabalhos, vê-se que o efeito é de causa. O pequeno grupo propiciou a circulação da palavra. Também houve efeitos de supervisão: tratávamos de pensar o caso e de pensar o que aconteceu depois da supervisão, e sem uma incidência superegóica a respeito de o praticante ter, ou não, feito supervisão. O trabalho no pequeno grupo operou no sentido de abrir, de promover a circulação da palavra, causou desejo de trabalhar.

Janaina de Paula Costa Veríssimo: Quero falar brevemente sobre uma marcação feita pela Paula Catunda assim que entrei no Seminário Clínico. Uma das primeiras questões levadas por mim para o grupo foi se eu era participante ou praticante. A Paula disse que eu *estava* participante e discutimos a permutação dos lugares...

Uma questão não colocada por ninguém, importante para mim, é o efeito na produção, na escrita. Como vamos transmitir algo em psicanálise, se não nos dispusermos a escrever? O formato de apresentação do caso, com um comentário e um texto teórico, privilegia o caso – só me dei conta de que este é o momento em que mais temos privilegiado o caso clínico, quando Simone falou disso. Quando alguma coisa pôde avançar ou emperrar no caso, compartilhamos. E aqui trago uma pergunta do Estanislau durante a apresentação de um caso. O Rômulo falava: "*Estamos construindo o caso na reunião maior, durante a apresentação do texto*" – e o Estanislau pergunta se *estamos construindo agora*, ao que o Rômulo responde: "*Agora*". Então, a construção do caso é ampliada após a escrita, após o comentário, após o texto teórico... E isso não cessa.

Sabrina Pontes: Então, trago o elemento da preguiça no meu texto. Nosso pequeno grupo era muito coeso, respeitoso com a dúvida do outro, com os questionamentos. Quando surge a possibilidade de escrever, interessou-me escrever sobre esse texto do Miller, a partir de minha experiência no Seminário Clínico. Estou no Seminário há muito tempo. Engravidei, saí, e agora retornei. Antes eu me permitia uma passividade: entrava e saía muda, calada. Nesse novo formato, com o pequeno grupo, é diferente. Há, de fato, essa indução ao trabalho. O grupo menor permite que a inibição dê uma assentada e isso nos coloca a trabalhar. Antes, não era uma *construção*, significante destacado pela Aline. Os pequenos grupos privilegiam uma construção a partir de um saber que não está pronto. Articulo a preguiça a essa indução ao trabalho, a uma vontade de trabalhar a partir das questões que surgem com a apresentação dos casos.

Simone Souto: Li todos esses textos que falam a respeito do pequeno grupo e quase todos se perguntam se seria um cartel, por que poderia ser um cartel e por que não poderia. É uma questão que perpassa quase todos os textos. A forma como vocês descrevem o funcionamento dos pequenos grupos e, também, o que falam, agora, sobre como os pequenos grupos contribuíram para sair de certa passividade e induzir ao trabalho, isso é notório. Parece que isso causou certo entusiasmo em todos.

Então, à medida que vocês descrevem o funcionamento desse pequeno grupo, penso: "*Gente, isto é um cartel!*". Por mais que não se tenha nomeado um mais-um e os nomes sejam outros (coordenador, participante e praticante), o funcionamento é de cartel no sentido de que há algo que provoca o trabalho – o que a Heloísa chamou de uma vacuidade –, e também no sentido de que a produção passa por uma elaboração própria de cada um e isso diz do cartel.

Vocês falam algo importante, que estamos em um Instituto, onde não há cartel. Bom, vocês podem inscrever o cartel na Escola! Isso, inclusive, é o que eu dizia sobre a importância de alguns outros. Por exemplo, se houver uma jornada de cartéis, estes serão cartéis clínicos, a discutir casos clínicos em uma apresentação de trabalho. Isso faz ponte com a Escola, o que me parece muito importante.

Não sei, exatamente, como estão funcionando os cartéis na Escola, hoje em dia, mas na época dos CPCTs, tínhamos cartéis exatamente como os daqui – grupos pequenos de membros da Escola.

Fernanda Cristina Gomes de Carvalho: Só um adendo: aqui, os coordenadores não são membros.

Rômulo Ferreira da Silva: Estou achando muito interessante a proposição da Simone. Fica muito claro da forma como ela diz. O pequeno grupo tem um coordenador, mas, como a gente sabe, no cartel, a função do mais-um pode ser exercida por outra pessoa do pequeno grupo. O coordenador do grupo é um coordenador burocrático; a função do mais-um pode ser exercida por aquele último que chegou, por exemplo, ele é quem que vai animar, provocar.

Simone Souto: O mais-um é uma função.

Silvia Jacobo: É muito interessante que um Instituto possa entrar na Escola a partir de um caso clínico, essa presença de cartéis clínicos.

Rômulo Ferreira da Silva: A última orientação, nesses casos, quando se forma um cartel onde não há membro da Escola e, principalmente, onde o mais-um não é membro, é que ele deve entrar em contato com o Diretor de Cartéis da Seção para apresentar a formação: como funciona, como surgiu, por exemplo. O Diretor de Cartéis, então, fica como garantia, digamos, da função de mais-um naquele cartel. Outra possibilidade é montar-se o cartel e, se naquele momento for obrigatório o mais-um ser membro, chama-se um membro para essa função.

Camila Popadiuk: Não é obrigatório, mas é questionado o por quê se endereçar à Escola. Participo de um cartel no qual o mais-um não é membro.

Maria do Carmo Dias Batista: [Acessa, no celular, o site da Escola Brasileira de Psicanálise] Temos 29 cartéis inscritos na Seção São Paulo e todos os mais-um são membros. O que consta no site não entra, exatamente, na questão de ser membro ou não, mas fala em manter relação estreita com a Escola. É interessante que nos dirijamos ao Diretor de Cartéis e posso me encarregar de conversar com o Rodrigo Lyra,[45] para saber como está essa questão. E, agora, vamos dar prosseguimento...

Gustavo Oliveira Menezes: Queria trazer a experiência de nosso pequeno grupo.[46] Quando fomos convocados para a conversação, discutimos muito sobre como cada um poderia contribuir. A primeira ideia foi fazer um texto coletivo. Depois, cada um foi escrevendo seu próprio texto. Foi engraçado como isso ressoou para mim: "*Se sou o coordenador deste grupo, então vamos fazê-lo trabalhar*". Só que, justamente, já não estava mais funcionando assim. Essa relação transferencial já havia se dissolvido um pouco e o próprio grupo demonstrou isso, cada um com sua escrita, com sua produção. Havia a demanda, de cada um, por um fazer próprio. Quando recebi todos os textos, concluí que o ideal seria, realmente, cada um apresentar sua produção. Todos do grupo escreveram. Isso esclareceu, para mim, como se dá a transferência de trabalho; como essa dissolução e o novo movimento é algo que só percebemos depois. A convocação para essa conversação foi importante,

45. Diretor Secretário da Escola Brasileira de Psicanálise, em 2018.
46. Pequeno grupo formado por: Aparecida Santa Clara Berlitz, Cynthia Gindro, Eliane Pfeferman Erdman, Gustavo Oliveira Menezes (coordenador) e Lilian Beiguelman.

pois pôde, de fato, assentar o que já estava acontecendo. Acho que, no texto, questionei bastante se o pequeno grupo tem, realmente, um funcionamento de cartel.

Maria do Carmo Dias Batista: No texto, você é um dos que mais afirma ser o funcionamento como o de um cartel, não só questiona. Inicia com a questão: "*poderia o pequeno grupo funcionar como um cartel?*" e, depois, no desenvolvimento, você praticamente propõe o funcionamento de cartel.

Gustavo Oliveira Menezes: Porque o formato, em si, não é de um cartel, mas o efeito de funcionamento, sim. É essa conclusão a que chego. Acho que precisa fazer esta reflexão, o quanto o coordenador funciona, ou não, como mais-um. E acho que não é só ele que pode fazer isso, como a Simone colocou. No nosso grupo, isso ficou muito claro, houve esse movimento mesmo.

Gabriela Malvezzi do Amaral: O que eu ia falar, de certa maneira, já apareceu. Tem relação com o quanto a equivalência entre coordenador e mais-um me causa um certo estranhamento. De fato, como a Simone coloca, o mais-um é uma função e quando falamos de coordenador, falamos de uma posição previamente dada. Entra em questão a maneira como o pequeno grupo é formado e como o trabalho acontece. Nem todos tiveram funcionamento semelhante quanto ao modo do trabalho acontecer, nem todos experimentaram essa função circular, a ponto de surgir aproximação com um cartel.

Eliane Pfeferman Erdman: Como eu vinha antes para o Seminário era muito confortável. Na medida em que somos convocados para estar no pequeno grupo, somos convocados a nos colocar. Comecei a participar e isso foi importante. Ao entregar meu texto, o grupo me perguntou se eu iria enviar um texto tão pessoal assim – e eu falei: "*Opa!*". Era importante dizer o que mudou em mim como participante, pois coisas mudaram até nos meus atendimentos em consultório.

Maria do Carmo Dias Batista: Interessante porque a proposta do Rômulo para a conversação foi uma surpresa, pelo menos para mim. A princípio, pensei se daria tempo, o fim do ano estava próximo... Entusiasmado do jeito que ele é, fizemos. E o resultado, em termos de número e qualidade dos trabalhos, da implicação das pessoas no trabalho, me parece surpreendente.

Aparecida Santa Clara Berlitz: É uma convocação mesmo! No nosso grupo, fez um efeito. Tentamos amarrar os trabalhos, mas tínhamos muita produção. Eu, particularmente, gostei muito da construção que fizemos no pequeno grupo e da produção de hoje.

Heloísa Teixeira: Continuo com a questão do pequeno grupo funcionando como cartel. Há algo no pequeno grupo, ainda, que escapa e causa uma inquietude quanto a seu funcionamento, por mais que existam essas formas variadas de tentar definir, dar um rumo. O fato de o pequeno grupo não ter forma, isso me agrada.

Rejane Tito: Minha experiência no grupo, de fato, foi de muito trabalho. Havia expectativa com os textos, com os casos, com questões que surgiam. Foi uma experiência muito rica, mas me fica uma pergunta: como era antes? Cheguei no Seminário Clínico alguns meses antes da mudança e, hoje, me ocorreu pensar, ouvindo a conversa aqui, o que era disfuncional antes. O grande grupo atualizava uma inibição, mas o que isso diz de como o trabalho estava acontecendo? É uma pergunta...

Rosângela Santos: Durante esse trabalho, para mim sempre ficou a questão: o que é um cartel, por que um cartel? Tivemos discussões ricas, com as contribuições dos colegas, com o texto, com comentários... Em alguns momentos, eu achava que era um cartel. Depois, não achava mais. Quando o Rômulo propôs a conversação, pensei que era um trabalho que eu precisava dar conta, esse de responder sobre o cartel. Passei a perceber que, no pequeno grupo, questões relativas ao imaginário foram sendo minadas pela colocação de cada um, pelo trabalho de cada um. Algo do *affectio societatis* se apresentou no grupo e houve respeito pelo trabalho, fato que minou o imaginário e possibilitou que as pessoas pudessem se colocar.

Outro ponto que achei bastante interessante no funcionamento no Seminário Clínico foi colocar a céu aberto a produção de cada um, cada um no seu próprio tempo, com seu trabalho e no seu percurso. É uma experiência ímpar, muito preciosa e contribuiu muito com meu trabalho.

Rômulo Ferreira da Silva: Fiquei pensando no vazio que a Heloisa traz: desse grupo, o que virá? A liberdade foi posta quanto ao modo como se constituiria, como iria funcionar e mesmo quanto à bibliografia que iríamos usar. Quando tivemos a ideia, para mim, já estava tudo resolvido. Mas, aí, os problemas voltam. Como surgiu o pequeno grupo? Essa ideia da mudança do funcionamento não surgiu do nada: havia um (dis) funcionamento. A cada apresentação de caso, metade do grupo saía feliz, achando que a discussão tinha sido boa e a outra metade saía arrasada, achando o contrário. Então, havia um efeito do imaginário. A Simone aponta muito bem quando elucida que a preocupação era com a performance. A partir do momento em que é o caso, em que é a clínica o que está em questão, esse efeito imaginário do "eu, eu, eu", diminui. É o efeito que acontece quando muda para o pequeno grupo. E essa solução, como eu dizia, não surgiu do nada. Houve muita discussão. A ideia de deixar o grupo um tanto vago, sem uma proposta, de fato, deu alguma liberdade. Mas, de alguma maneira, algumas regras tinham de ser colocadas.

Primeiro, imediatamente apareceram pessoas mais engajadas e com percurso clínico, para formar um quadro de seis coordenadores – e, mais tardiamente, houve a entrada de Rosângela. Ela, membro de Escola há algum tempo, entra na clínica já na de coordenação de um grupo. Quase como um desarranjo, pois não é só porque se é membro de Escola que se entra como coordenador, sem saber, sequer, qual é a proposta da clínica. Isso também é uma forma da Escola servir de aguilhão para o Instituto. Habitualmente, falamos do Instituto como aguilhão da

Escola, mas, a meu ver, o contrário também se aplica: a Escola pode servir de aguilhão ao Instituto e este é um exemplo.

Então, surgiu um formato que manteve a liberdade, mas também foi necessário haver certo funcionamento "burocrático". Tratamos de burocracia uma reunião inteira! Precisávamos ter coordenadores, critérios para definir quem iria e quem não iria atender. Também havia uma pressão de pessoas querendo entrar na experiência da clínica e tivemos de segurar a entrada, tanto daqueles que viriam a participar, quanto dos que viriam a praticar. Então, há essa forma de funcionamento na qual se enquadra o pequeno grupo. E aí ele é "deformado" pelo funcionamento do cartel.

Há alguma coisa de cartel – para alguns pequenos grupos é um funcionamento que já está dado –, mas talvez haja uma invenção a se fazer: a de um cartel que, em um dado momento, tira o chapéu de cartel e passa a funcionar como grupo. Ocorre quando é necessário falar dos casos atendidos pelos praticantes, atualizar prontuários, definir quem irá apresentar. É da ordem do burocrático e isso é fundamental. Nesse momento, não estamos falando do mais-um; é a vez, de fato, do coordenador de grupo. Houve situações em que o imaginário começou a pulular e, ao mesmo tempo, houve a tranquilidade em usar a função de coordenador para cortar isso.

Camila Popadiuk: Em função do que o Rômulo falou, da diferença do caso vir à cena, ao invés da performance do praticante, penso o quanto, talvez, o significante "entre vários" se atualize. No formato anterior, por exemplo, o praticante atendia um paciente dentro dos moldes da clínica do CLIN-a, apresentava o caso, o caso era comentado e só. A partir do momento em que se criam os pequenos grupos, o "entre vários" começa a ficar vivo de novo, justamente pelo compartilhamento do caso no grupo menor. É o caso no centro da cena e não mais a performance do praticante na hora da reunião geral. E acho que, justamente por isso, houve outro ponto interessante: participantes que, em um primeiro momento, não tinham em vista começar a atender, tiveram despertado o desejo de atender aqui no CLIN-a. O caso em cena provocou a passagem de participante a praticante, um efeito que não havíamos colocado na conta.

Mirmila Musse: Houve outro deslocamento. Antes, se atendia um caso para apresentá-lo. Agora, no nosso pequeno grupo, o que o norteia é a construção do caso, pensar a entrevista, os atendimentos, a supervisão. Ou nem tão teórico assim. Algo como: o que é bom discutir em supervisão, ou levar para análise, se parece ser uma questão do praticante. Se antes se atendia para apresentar o caso, agora, o pequeno grupo funciona para construir o caso.

Maria do Carmo Dias Batista: Lembra a sequência colocada pela Silvia no trabalho dela: sofrimento em primeiro lugar – sofrimento de quem atende, sofrimento do grupo.

Eliana Machado Figueiredo: Estava pensando que continuamos com cinco grupos, assim, dois deles ficaram com dois coordenadores. Não se conversou muito sobre essa experiência, um grupo com dois participantes, dois praticantes e dois coordenadores. Nos momentos em que funcionava como cartel, isso ficou também dissolvido entre todos. A palavra podia circular, independentemente da função de cada um ali. Nos momentos nos quais o coordenador precisou entrar, funcionou. Somos duas coordenadoras com características bastante diferentes e tem sido uma boa parceria.

Maria do Carmo Dias Batista: Agora falou-se novamente da supervisão. Temos dois trabalhos que entram nesse aspecto de forma mais intensa: o da Rejane e o da Janaina. Neste último, há uma citação de Miller sobre o entusiasmo, que não convém ao analista. Gostaria que você falasse disso, Janaina; estou interessada nessa articulação que você fez com o caso.

Janaina de Paula Costa Veríssimo: O caso toca no que é o encontro com o paciente. O que se produz em nós é sempre muito singular. A princípio, não tinha pensado em escrevê-lo para nossa conversação, mas houve um efeito de supervisão.[47]

Logo no início, a paciente envia mensagens adiando sessões. Isso me faz escutar alguma coisa que, retomando em supervisão, foi importante ter se anunciado logo no início. Já na primeira entrevista, eu a achei uma figura muito interessante. Alguém que parecia não ter penteado o cabelo e que era muito articulada na linguagem, na escrita, com as palavras, com a própria formação. Saí da primeira entrevista me advertindo para não morrer de amores pelo caso. Eu me perguntava onde estava a demanda, onde estava o sintoma, por que ela havia procurado pelo atendimento no CLIN-a – é importante localizar que, ao mesmo tempo em que ela estava aqui, em atendimento individual, ela mantinha um atendimento em grupo em outra instituição. Isso não é qualquer coisa para esse caso, pois fala de ela ser errática. Mais de uma vez ela me interrogou sobre o tempo da sessão e dizia "acho que nosso tempo está acabando". Isso dizia sobre o tempo do tratamento...

Maria do Carmo Dias Batista: O entusiasmo não salva ninguém. Você não vai chegar aí?

Janaina de Paula Costa Veríssimo: Em dado momento, diz que pensava se não estaria tirando a vaga de alguém no CLIN-a e respondo que a vaga era dela. Ela aponta a proximidade das férias e respondo que quando as férias chegassem, falaríamos sobre isso. Em supervisão, questiono se não fui entusiasmada demais, na tentativa de enlaçá-la no tratamento. Depois, ela falta duas vezes e, realmente, volta para dizer que é a última sessão, que vai interromper. Digo a ela que as portas do CLIN-a continuarão abertas. Vou para a supervisão pensar em como fazer com o entusiasmo no começo da formação do analista e a supervisora, a Maria

47. Por esse motivo, o caso está escrito de forma mais detalhada em "Efeitos de supervisão: equívoco, rinocerontes e entusiasmo" (Janaina de Paula Costa Veríssimo). Aqui, seguem apenas menções necessárias para que o leitor acompanhe o prosseguimento da conversação.

do Carmo, diz que a questão do entusiasmo parece ser algo que atravessa a formação do analista.

Maria do Carmo Dias Batista: Eu pensei sobre o caso e sobre a supervisão e é possível perceber como em supervisão se trata mesmo de dois sujeitos. Você aparece com uma citação de Miller que tinha tudo a ver com o seu caso e, também, tudo a ver com o entusiasmo que procuro manter. Ou você tem algum entusiasmo – *en theos* –, ou vai fazer outra coisa... Mas aí vem a citação de Miller: "(...) o entusiasmo não convém ao analista (...). Não há nada pior do que o analista que vê em um analisando uma esperança, uma esperança para a psicanálise, uma esperança de êxito".[48]

Rômulo Ferreira da Silva: Tenho um caso que é emblemático disso. Foi-me encaminhada uma paciente com diagnóstico de psicose gravíssima, com o qual não concordei. Insisti que era um caso de neurose. A mãe ficou sabendo, através do psiquiatra, que eu estava pensando em uma neurose e entrou em desespero. Durante algum tempo, os efeitos do tratamento da moça foram se mostrando à mãe e ela foi se convencendo... E eu me entusiasmei: apresentei o caso em Jornada, apostei que dentro em pouco ela seria um sujeito dividido (*risos*). De fato, tive uma esperança – prima da depressão! – de sucesso, de êxito, e não só da psicanálise, pois toca um ponto narcísico; em meu entusiasmo com o caso, eu estava muito tranquilo. Dali a algum tempo, a paciente fez uma passagem ao ato, digna da psicose. Eu tive de recuar na *condução do caso* como neurose. Mantenho meu diagnóstico de neurose, mas com cautela.

Janaina de Paula Costa Veríssimo: Saio da supervisão com essa questão: existe uma diferença entre o entusiasmo endereçado à causa analítica e o entusiasmo endereçado ao caso clínico, que pode se equivocar.

48. MILLER, J-A. *Perspectivas dos Escritos e Outros Escritos de Lacan*. Rio de Janeiro: Jorge Zahar, 2011.

Silvia Jacobo: Nesse caso particular, seu entusiasmo retorna sobre ela e, de algum modo, de forma inquietante. Por isso, ela vai embora – além da errância, que faz parte dela, de seu modo de existir.

Simone Souto: Esse seu entusiasmo caminha na contramão do funcionamento da paciente. É algo que ela nunca poderia lhe dar. Ela é errática, não poderia ser de outro jeito, ela é assim.

Há essa diferença que você faz, entre o entusiasmo com causa analítica e o entusiasmo com o caso, pois uma coisa é apostar no caso – não no sentido de achar que vai dar certo, mas apostar na palavra do paciente. É essa aposta que temos de fazer. Isso faz lembrar de Freud, no sonho da injeção de Irma.[49] Ele sonha que a seringa estava suja... tem algo que ele queria muito que desse certo, ele se entusiasmou demais com o caso. Então, acho muito importante você trazer essa discussão, principalmente quando estamos tratando de uma clínica que tem um tempo determinado de atendimento, porque podemos ser seduzidos pela pressa em mostrar um resultado. Precisamos nos precaver desse desejo de curar.

Marinalva Souza Santos: Pensando na clínica de tempo limitado, tenho uma preocupação em nossa experiência, quando se trata de psicose – isso diz respeito ao caso que eu estava atendendo. Apresentei o caso e falei de uma intervenção feita quando se aproximava o fim dos 6 meses de atendimento. Perguntei a ele: "*Com esta bagagem, dá para você seguir viagem*?". Acabei dando continuidade, seguindo por mais 6 meses. Na apresentação do caso na reunião geral, quando mencionei isso, Rômulo me perguntou: "*E aí Marinalva, você acha que dá*?". Naquele momento, eu não tinha exatidão na resposta. Depois, ao ler um texto de Graciela Brodsky, onde fala "(...) o rápido demais é a única maneira de evitar que

49. FREUD, S. *A interpretação dos sonhos*: 1ª parte: In: *Edição Standard Brasileira das Obras Psicológicas Completas de Sigmund Freud.* (Vol. IV). Rio de Janeiro: Imago, 1987. (Texto original publicado em 1900)

seja tarde demais. Devemos permitir uma interpretação no interior dessa ordem (da contingência)”.[50] [continua]

Simone Souto: Quando fizemos a experiência do CPCT, em Belo Horizonte, a maioria dos casos recebidos era de psicose. Surgia muito essa questão de como tratar os casos de psicose em quatro meses – lá eram quatro meses renováveis por mais quatro. Geralmente, são casos graves, uns mais, outros menos, mas casos que precisam de mais cuidado. E o que fazer com isso? Uma pessoa atendia um caso que não era simples e trouxe esta questão, a de prorrogar por mais quatro meses – o atendimento foi prorrogado, por puro receio nosso de que alguma coisa pudesse acontecer. O paciente estava bem e quando prorrogamos o tempo do tratamento, piorou. Esse foi um caso que nos ensinou muito, porque o tratamento podia ter terminado nos primeiros quatro meses. Portanto, o cuidado que a gente tem de ter com o paciente, nem sempre corresponde a um prolongamento do tempo...

Marinalva Souza Santos: Então, especialmente no caso desse paciente, o significante que ele trazia era “cuidado”. E fui com muito cuidado! Quando o Rômulo perguntou aquilo, eu quis saber, a partir da intervenção que fiz, se o paciente seguiria viagem com a bagagem que trazia.

Simone Souto: E o que ele te respondeu?

Marinalva Souza Santos: É uma boa pergunta. Dei continuidade, a mãe dele veio a óbito e ele pediu que eu o atendesse duas vezes por semana. No final, ele ficou mais seis meses.

Rômulo Ferreira da Silva: Mas o que ele respondeu? Ele respondeu: “É uma boa pergunta...”?

50. BRODSKY, G. A pressa e a espera. In: *Latusa nº 8 – O trabalho da sessão*. Rio de Janeiro: Escola Brasileira de Psicanálise, 2003.

Marinalva Souza Santos: Não, essa frase é minha. Ele respondeu: "*Acho que dá*".

Rômulo Ferreira da Silva: Ah, bom!

Marinalva Souza Santos: Ele diz, ainda, ter conseguido funcionalidade na vida, com o atendimento no CLIN-a. Essa é a perspectiva dele.

Rejane Tito: Ouvindo a Marinalva, penso em como lidar com a duração de seis meses nos casos não graves, não emergenciais (parece mais fácil). Mas, nos casos muito graves, revelados ao longo do atendimento, quando, conforme o sujeito começa a falar, aparecem as questões. Ao ouvir a Marinalva, penso também em como lidar quando aparecem casos muito graves, quando há risco de suicídio, de um surto psicótico. Foi o caso do paciente que atendi. Nos dois primeiros meses, mais ou menos, começa a surgir uma cisão – algo de fragmentado aparece, o que me fez pensar na possibilidade de uma foraclusão. Desaparecem a fala anterior, a memória, a história, as associações e começa a surgir uma fala fragmentada, desarticulada, sem associações; aparecem, também, fenômenos de corpo. Fui para supervisão, estranhando. Uma intervenção talvez tivesse sido demais... Foi um caso desafiador, que me deixava com a dúvida de como articular a gravidade do caso com o tempo que temos – e o tempo de escuta também, porque temos um tempo próprio para ouvir, elaborar as questões que aparecem na supervisão... fiquei cada vez mais silenciosa. Hoje, vejo que me ajudou muito ficar em silêncio.

Simone Souto: Precisamos ter essa preocupação com o desencadeamento. Se você recebe um caso de psicose mais ou menos estabilizado, onde o paciente está no controle de alguma coisa, é preciso ter cuidado, mesmo. Por exemplo, no caso da Marinalva, ele dá sinais do que encontrou aqui. Algo não funcionava, mas passou a funcionar, do jeito dele. Podemos constatar isso no caso: o atendimento trouxe uma funcionalidade para a vida dele. Isso é muito importante. Mas, pode ser que outros não cheguem até aí, a dizer "*foi isso que consegui com o tratamento*". Em certos casos, talvez, o máximo que possamos fazer seja um bom encaminhamento, quando o tempo de atendimento chegar ao fim. Isso não desmerece em nada o tempo que ele passou sendo atendido aqui. Isso é um percurso de tratamento. A Luciana disse de um caso que passou pela instituição e foi para o consultório, foi um percurso. Não temos de ficar pressionados para conseguir resultados. O caso é que vai nos dizer em que ponto ele está. E quem conduz o caso, com ajuda dos colegas, vai decidir qual é o melhor jeito de se fazer com aquilo que surge, se será preciso encaminhar para um psiquiatra, indicar para outra pessoa, outra instituição... Precisamos pensar que fazer um bom encaminhamento também é importante. Então, não é preciso sentir-se tão pressionado. Não temos de resolver todo problema do caso em seis meses. É assim, oferecemos a possibilidade de uma experiência, daqui a seis meses, veremos o que aconteceu. O importante é saber que a psicanálise faz parte desse percurso juntamente com uma série de recursos outros.

Maria do Carmo Dias Batista: A psicanálise nos dá recursos para serem usados.

Um vapt-vupt para concluir

Valéria Ferranti

O CLIN-a – Centro Lacaniano de Investigação da Ansiedade –, apostou em associar ansiedade ao *a* tanto na nomeação do Instituto como de sua clínica. Valendo-se de um significante da cultura, mirou na possibilidade de oferecer um tratamento pela palavra àqueles que dificilmente dirigir-se-iam a um psicanalista.

Entusiasmo e certa dose de ousadia estavam presentes no tempo inicial em que desenhávamos um dispositivo bastante original e marcado, como deve ser em um Instituto, pela elaboração coletiva.

Com o tempo mesmo da experiência, a plasticidade do dispositivo mostrava-se muito bem vinda e novos modos de acolher o sofrimento daqueles que procuravam a Clínica da Ansiedade foram se construindo. Se, por um lado, o dispositivo mostrava-se aberto à inventividade, perfazendo uma vertente "móvel" da experiência, por outro lado, outra se perfazia como constante. Longe do dispositivo clássico, era imperiosa a sustentação aguda desta iniciativa: extraindo da *praxis,* um ensino.

Eis a marca da Clínica da Ansiedade – lembrando que ensinar vem do latim *in + signare,* que significa "pôr marcas" ou "sinais": um ensino extraído de um dispositivo que pode se reinventar a partir de seus impasses.

Éric Laurent afirma que "(...) nenhuma outra orientação dentro da psicanálise pôs tanto acento sobre o ensino como a orientação lacaniana",[1] e segue, ao abordar a diferença e a articulação entre ensino e

1. LAURENT, É. Lo impossible de enseñar. In: *Del Edipo a la Seducción.* BsAs. Editora Paidós, 2011, p. 269. Tradução nossa.

transmissão, afirmando que "(...) a única medida que temos para saber tratar um problema é quando aparece o novo e inventamos soluções, este é o critério fundamental".[2]

A Clínica da Ansiedade, alojada em um Instituto do Campo Freudiano, não é uma clínica escola, não é feita por alunos, mas por analisantes que, desta posição, podem ensinar o que desta clínica pode ser transmitido e produzir efeitos no funcionamento mesmo do Instituto. Eis a aposta e o desafio que esta experiência, sempre não-toda concluída, pode deixar como marca.

Seguimos apostando!

2. Idem, ibidem, p. 276. Tradução nossa.

1ª EDIÇÃO [2019]

Esta obra foi composta em Chronicle Text e Sentinel
sobre papel Pólen Soft 80 g/m² para a Relicário Edições.